Friedrich Leberecht Wilhelm Schwartz

Der heutige Volksglaube und das alte Heidentum

Mit Bezug auf Norddeutschland

Friedrich Leberecht Wilhelm Schwartz

Der heutige Volksglaube und das alte Heidentum
Mit Bezug auf Norddeutschland

ISBN/EAN: 9783743494497

Hergestellt in Europa, USA, Kanada, Australien, Japan

Cover: Foto ©Lupo / pixelio.de

Weitere Bücher finden Sie auf **www.hansebooks.com**

Der heutige Volksglaube und das alte Heidenthum

mit Bezug auf

Norddeutschland, besonders die Mark Brandenburg und Mecklenburg.

Eine Skizze

von

Dr. F. L. W. Schwartz,

Professor am Friedrichs-Werderschen Gymnasium zu Berlin.

Zweite Auflage.

Berlin.
Verlag von Wilhelm Hertz.
(Besser'sche Buchhandlung.)
1862.

Herrn Director Professor E. Bonnell.

Die bevorstehende Jubelfeier Ihres fünf und zwanzigjährigen Directorats an userm Werderschen Gymnasium ruft es mir lebhaft in's Gedächtniss, wie es jetzt über dreissig Jahre her ist, dass ich als Schüler des Gymnasiums zum Grauen-Kloster, an dem Sie damals als Lehrer thätig waren, zuerst in jene näheren Beziehungen zu Ihnen trat, welche die späteren Lebensverhältnisse stets inniger und reicher entwickelt haben. Den an diese Erinnerung sich knüpfenden Gefühlen einen Ausdruck zu geben, bietet sich mir in der Veranstaltung einer zweiten umfangreicheren Auflage dieser Schrift, welche vor dreizehn Jahren in ihrer ersten Gestalt als Programm unseres Gymnasiums unter der Aegide Ihres Namens in die Welt trat, eine erwünschte Gelegenheit. Indem ich Sie bitte, die Widmung dieser Forschungen freundlich annehmen zu wollen, spreche ich Ihnen meine besten Wünsche für Ihr ferneres Wohlergehen aus. Möge unser Werder sich noch lange Ihrer segensreichen Wirksamkeit erfreuen!

Berlin, den 7. October 1862.

W. Schwartz.

Vorrede.

Während ich mit einer grösseren mythologischen Arbeit beschäftigt war, trat an mich die Aufgabe, eine zweite Auflage von der im Jahre 1849 geschriebenen Schrift „der heutige Volksglaube und das alte Heidenthum", welche zuerst als Programm des Werderschen Gymnasiums, dann bei Hertz (Besser) erschienen war, zu veranstalten. Wenn ich gleich schon nach den oben angedeuteten Umständen keine vollständige Umarbeitung beabsichtigen konnte, eine derartige auch mit Erschöpfung des unterdessen zu Tage geförderten Materials und der dahin schlagenden Untersuchungen, schon gegenüber meinem inzwischen erschienenen Buche über den Ursprung der Mythologie, kaum rathsam war: so wollte ich doch eines Theils einen ländlichen Sommeraufenthalt, welcher die grössere Arbeit unterbrach, nicht unbenutzt vorüber gehen lassen; anderseits versprach eine etwas erweiterte Durchführung der damals angefangenen und nur auf einige Mythenkreise begrenzten Skizze, der Schrift immerhin eine grössere Abrundung und gab, bei

Wahrung des alten Characters, noch zu einigen neuen Ausführungen Anlass. So wurde im Ganzen bis p. 66 die erste Ausgabe festgehalten und dabei mit Rücksicht auf Citate aus derselben in verschiedenen myth. Werken die alte Seitenzahl auch stets im Text notirt, alle Aenderungen hingegen durch Klammern bezeichnet, so z. B. die eingeschobene Parthie vom Gewitterzwerg, den der wilde Jäger verfolgt p. 43—49. Weiterhin ist bloss noch bei dem Abschnitt von den Ueberresten des alten Cultus der Gottheiten die alte Ausgabe von p. 84—94 zu Grunde gelegt worden, das Uebrige vollständig neu.

Wie früher, so kam es mir nämlich auch jetzt nur darauf an, innerhalb eines historisch sich abgrenzenden, landschaftlichen Kreises an hervorstechenden Beispielen anschaulich zu machen, wie in dem Aberglauben, den Gebräuchen und Sagen, die sich bei dem Landvolk noch bis in unsere Zeit in allerhand Ueberresten einer alten Tradition erhalten haben, gerade der älteste Character der Mythologie unserer Vorfahren in seinen rohesten und einfachsten Formen hervortritt, die nicht bloss so für die entwickeltern Göttergestalten die volksthümliche, allgemeine Grundlage bieten, sondern auch durch den engen Anschluss an die den Menschen umgebende Natur den Ursprung derartiger Glaubensvorstellungen überhaupt klar legen. Dass ich zur Durchführung dieses Planes besonders die Marken und Mecklenburg gewählt habe, hatte seinen Grund vorzüglich darin, dass ich aus diesen Kreisen selbst in unmittelbarster Anschauung die Sache aufgefasst hatte, während ich diese Ueberreste des alten Heidenthums in zehnjähriger Arbeit mit meinem Schwager A. Kuhn hier sammelte. Wo mir dieser landschaftliche Stoff zu genügen schien, habe ich deshalb nicht unnütz Parallelen oder Variationen aus anderen Theilen Deutschlands gehäuft, damit mit dem Ursprung desto klarer auch die Eigenthümlichkeit der norddeutschen Mythologie im Gegensatz zu der übrigen deutschen und nordischen Götterwelt hervortrete. Daneben kam es mir anderseits erwünscht, in dem Anhang von der stierköpfigen Iris und der bunten oder rothen Regenbogenkuh unseres deutschen Volksglaubens auch noch auf einem Punkte wenigstens eine weitere Perspective eröffnen zu können, welche characteristisch in die indogermanische Vorzeit hinaufreicht.

Wenn den Principien gegenüber, die ich in dem Buche über den Ursp. d. Myth. durchgeführt habe, mir entgegengehalten worden ist, dass ich zu sehr bei der Entwicklung der Vorstellung des Göttlichen in den Mythen die Erscheinungen des Windes, überhaupt des Gewitters in den Vordergrund drängte, die Sonne namentlich dabei zu sehr unberücksichtigt liesse[1]: so dürften die nachfolgenden neuen Untersuchungen innerhalb eines kleineren Kreises wenigstens vorläufig das bestätigen, was ich auch schon Ursp. d. M. p. 15 angedeutet habe, dass die Sonne ursprünglich mehr implicite als Accidenz in den himmlischen Scenerien gefasst, erst bei entwickelterer Naturbetrachtung und Mythenbildung in den Vordergrund getreten sei. Natürlich bedarf die Sache noch weiterer

---

[1] Genthe, die Windgottheiten bei den indogermanischen Völkern. 1861. Berlin bei Calvary et Co.

Ausführung, wie ich sie auch in meinem neuen Buche über die poetischen Naturanschauungen der Griechen, Römer und Deutschen in ihrer Beziehung zur Mythologie demnächst geben werde.

Neben anderen mythologischen Resultaten ergiebt sich aber gerade aus den einfachen Mythenkreisen, die ich hier behandelt, recht anschaulich, wie auch ohne das Zusammenwachsen verschiedener Volksstämme zu einheitlicher geistiger Entwicklung schon in der Unbestimmtheit mythologischer Anschauung und mannigfacher Tradition der Grund zum Polytheismus lag. Besonders möchte ich aber in Betreff der nachgewiesenen Beziehung zwischen den Gewitter- und Sonnenwesen noch hervorheben, wie auch in anderen Mythologien ähnliche Entwicklungen hervortreten. Wenn in unsern Kreisen z. B. beiderlei Gestalten im Lauf der Zeit stellenweise verschmolzen zu sein scheinen, so erklärt sich aus dem neben den nahen Beziehungen ursprünglich sichtbaren Gegensatz beider anderseits die Erscheinung, dass z. B. in der griechischen Mythologie Persephone ein jugendliches Gegenbild der Demeter und so halb Gewitter-, halb Sonnen- (oder Mond-) Wesen sein konnte; Demeter eben nur mehr die Himmelsalte, Persephone die himmlische Jungfer war; dass im Gewitter dann die schöne Himmelstochter, als sie sich unter den Wolkenblumen erging, von dem finsteren Gewittergott, der aus der Unterwelt heraufkam, entführt zu werden, die zürnende Alte aber wieder bei der Blitze Fackeln die geraubte Tochter zu suchen schien. (Urspr. unter Hades und Persephone.)

In culturhistorischer und allgemein religiöser Beziehung kann ich nicht unterlassen, hier wieder auf den Umstand hinzuweisen, auf den ich schon Ursp. p. XIX hingedeutet habe, dass nämlich die ursprünglichen Göttergestalten aller sittlichen Momente entbehrten; sie lebten eben nur in der Natur in den Formen, welche die Erscheinungen boten. Grossartigkeit der Anschauung wechselt dabei mit Rohheit der Auffassung, und das ganze Leben, welches diese Götter schuf, erscheint in diesem Spiegelbilde und unter diesem Reflex in einer Form, die jedem zum Bewusstsein bringen kann, was den rohen Urzeiten der Menschen gegenüber ein in der freien Entfaltung menschlicherer Empfindungen selbst sich menschlicher gestaltendes Heidenthum, vor Allem aber, was das Christenthum erst aus den Menschen und namentlich auch unseren Vorfahren gemacht hat.

An diese allgemeinen Betrachtungen möchte ich noch eine ethnographische reihen. In der Vorrede zu den Nordd. Sagen p. XXIV f. hat Kuhn schon der Betrachtung Ausdruck gegeben, die sich bei dem Sagensammeln selbst uns aufgedrängt: dass die Erscheinung derartiger landschaftlich gegliederte mythologische Massen mit den alten Götternamen hier zwischen Elbe und Oder bei der ethnographischen Characterisirung dieses Landes Berücksichtigung fordere und auf einen Stock deutscher Bevölkerung, welcher die Slavenherrschaft überdauert, schliessen liesse. Ich bin am Schluss dieses Buches p. 126 darauf zurückgekommen, und es stimmt in Betreff Mecklenburgs zu Ansichten, wie sie auch L. Giesebrecht des Weiteren schon in seinen Wendischen Geschichten stellenweise ausgeführt hat. Der slavische Character, den diese Lande Jahrhunderte lang dann zeigen und das Haften vieler slavischen Namen wäre etwa hiernach dieselbe Erscheinung wie in Griechenland und Spanien, wo auch unter slavischer und arabischer Herrschaft Aehnliches eingetreten, die alte Urbevölkerung sich aber doch erhalten und nachher wieder in ihrer Eigenthümlichkeit hervortritt. Freilich bedarf diese Sache noch weiterer Erwägung, zwei Punkte möchte ich aber doch dabei schon jetzt als bedeutsam hervorheben. Paulus Diaconus berichtet, dass die Longobarden den Wodan unter der Form Gwodan verehrt hätten,[1]) gerade diese Form liegt aber der Frau Gaude, Gaue, Gode u. s. w., so wie dem Vergodendeel zu Grunde, also alle den mythischen Ueberresten, welche hier in bestimmter Abgrenzung gegen die Nachbargegenden in der nördlichen Altmark, dem angrenzenden Lüneburgischen, der Priegnitz und dem angrenzenden Theile von Mecklenburg, also einem bestimmt zusammenhängenden Ländercomplex diesseits und jenseits der Elbe, hervortreten. Das sind aber so ziemlich die Sitze, welche man den alten Longobarden auch sonst anweist, nur dass man sie gegen Strabo's Zeugniss (VII, 291) gemäss dem Vellejus Paterculus (II, 106) vom rechten Elbufer gewöhnlich verweist, dagegen mehr in das Lüneburgische noch hineinrückt, wohin aber auch der Gebrauch des Vergodendeel sich noch weiter erstrecken dürfte, als bis jetzt nachgewiesen ist.

---

[1]) Wodan sane, quem adjecta littera Gwodan dixerunt, ipse est, qui apud Romanos Mercurius dicitur. Paul. Diac. de gest. Longob. L. c. 9.

Ebenso fallen von den Reudingen, Avionen, Angliern, Varinen, Eudosen, Suardonen und Vithonen, welche Tacitus offenbar in den Osten der Longobarden setzt, und als deren Eigenthümlichkeit er die Verehrung der Terra mater und ihres Umzugs berichtet, mehrere entschieden in die Gegenden, wo characteristisch eine entsprechende weibliche Gottheit, die Frick oder Frau Harke sich in den Vordergrund drängt, die Vorstellung eines Umzugs derselben sich speciell noch in den Zwölften erhalten hat. Da liegt es denn wahrlich nahe, an einen Zusammenhang dieser mit der angeblichen Nerthus oder Hertha und ebenso wie vorhin bei den Longobarden an einen Zusammenhang der jetzigen Bevölkerung mit jenen alten Stämmen zu denken. Man ist zwar sonst geneigt, jene Völker meist etwas nördlicher an der Ostsee zu localisiren, dazu nöthigen aber weniger andere Umstände oder die sonstige Gruppirung der Völker, welche Tacitus giebt, sondern zum Theil nur der Zug des Taciteischen Berichts von der Insel im Ocean, wo der Götterhain sei, aus dem die Göttin komme. Dabei fragt es sich aber doch sehr, in wiefern bei diesem ganzen Bericht, der den Römern zugekommen, sich Mythisches mit dem betreffenden localen Gebrauch verbunden hat, wie denn auch anderseits in der Erzählung ein Zurechtlegen des Ganzen nach analogen römischen Vorstellungen nicht zu verkennen ist. So konnte z. B. die Frau Harke, welche wir im Wolkenschiff durch die Luft fahrend sahen (p. 76), sehr wohl auf einer fernen Insel des Meeres — wie etwa die griechische Kirke — wohnend und von dort kommend gedacht werden, gleich wie die ihr homogene Frau Holle im Binnenlande Mitteldeutschlands in einen Berg, d. h. den Wolkenberg versetzt wurde, und dieser mythische Zug konnte sich mit der Erzählung von dem zeitweise stattfindenden Umzug der Göttin in der Sage dann verbunden haben. Ebenso spielt anderseits bei späteren Schriftstellern noch öfter das Meer hier in unsern Gegenden bei sagenhaften Berichten hinein, die man deshalb doch nicht unmittelbar an die See versetzt, sondern bei denen man an einen grösseren Binnensee zu denken geneigt ist. So bemerkt L. Giesebrecht zu Thietmar's Schilderung von dem sagenhaften Riedegast oder Rethra ausdrücklich, dass es sich nicht mit Gewissheit angeben lasse, ob unter dem Meere, was dort erwähnt werde, die Ostsee oder ein Landsee gemeint sei. (Wendische Gesch. p. 69). Bei diesen Betrachtungen will ich die Bemerkung übrigens nicht unterdrücken, dass, wenn Riedegast und Rethra, wie Lisch und Andere meinen, identisch, und Thietmar und Adam v. Bremen also denselben Ort trotz ihrer etwas verschiedenen Berichte schildern, dies Heiligthum mit seinem heiligen Hain und dem inselartigen Character unwillkührlich an das ähnlich geschilderte und ebenso bedeutsame seiner Zeit hervorgehobene Heiligthum der Nerthus hier in denselben Gegenden zwischen Elbe und Oder erinnert[1]) und wenigstens die

---

[1]) Die Hauptdifferenz bildet der secretus lacus noch auf der Insel, in welchem die Göttin gebadet werden sollte; dieselbe aber ist nicht grösser als die einzelnen Differenzen zwischen der Schilderung Thietmar's und Adam's v. Bremen. Anderseits passt die Notiz, dass Tacitus die betr. Völker durch Flüsse (und Wälder) geschützt sein lässt, doch eher auf die Gegenden, auf welche ich hindeute, als auf die Ostseeküste.

Frage aufzuwerfen gestattet, ob nicht etwa an alter, durch heiligen Schrecken geheiligter Stelle die neuen Herren des Landes ihre slavischen Götter aufgestellt haben sollten, und ob nicht so, indem an diesem Orte eine Continuität des Cultus stattgefunden, das berühmte deutsche, und das ähnliche slavische Heiligthum an derselben Stelle gewesen sei. Der Eber, welcher nach Thietmar's Schilderung aus dem am Riedegast grenzenden Meere, — denn das Inselartige berichtet nur Adam v. Bremen, — bei einem bevorstehenden innern Kriege aus den Wogen mit weissen, glänzenden Hauern hervorkommen und sich unter furchtbaren Erderschütterungen im Moraste wälzen sollte, erinnert nebenbei bemerkt wunderbar wieder an den von mir nachgewiesenen mythischen Gewittereber, der ja auch sich an den Cultus der Frick in der Uckermark als ihr heiliges Thier knüpfte (p. 90). Und unbedenklich dürfte, wenn eine slavische Cultusstätte an Stelle einer deutschen getreten wäre, auch von dieser manche Sage haften geblieben sein, wie denn überhaupt slavisches und deutsches Heidenthum auch sehr gut theilweise geradezu neben einander bestehen konnte, Wodan z. B. und Swantewit gewiss vielfach zusammenfielen.

Wie dem aber auch sei, jedenfalls wird aus der Berücksichtigung der oben angegebenen und ähnlichen mythologischen Gruppirungen die deutsche Ethnographie neue Gesichtspunkte schöpfen können. Besonders interessant wäre für die Spree- und Odergegenden zunächst überall noch die Grenzen der Frick, Frau Harke, namentlich die Abgrenzung in Betreff der Lausitz und des Landes jenseits der Oder gegenüber slavischen Ueberresten weiter zu verfolgen, als wir es in den Nordd. Sagen geben konnten. Vielleicht verbreitet der II. Theil von Haupt's neu erschienenen Lausitzer Sagen schon in dieser Hinsicht einiges Licht über die Lausitz. Abgesehen aber von dem rechts von der Oder liegenden Lande und Schlesien ist durch die verschiedenen Sagensammlungen das Material so ziemlich beisammen, dass nach diesen mythologischen Gruppirungen, namentlich der erwähnten Zwölftengottheiten, mit Hinzuziehung besonders der Namen für den wilden Jäger u. dergl., geradezu eine mythologisch-ethnographische Karte Deutschlands entworfen werden könnte.

Inhalts-Verzeichniss.

		Seite.
Einleitung:	Der heutige Volksglaube in seinem allgemeinen Verhältniss zur Mythologie der Vorzeit	1— 15
I.	Sagen von der wilden Jagd in der Mark, Mecklenburg u. s. w. Wodan und Frick, Sturm und Windsbraut im Gewitter	1— 49
II.	Hackelberg's Jagd im Braunschweig-Hannöverschen	50— 71
III.	Frau Harke und ihr Treiben an den Camernschen Bergen, gleichfalls eine Gewittergottheit des Havellandes, der Mittelmark u. s. w.	71— 79
IV.	Wodan, Frick und Frau Harke in den Gebräuchen, den Ueberresten des alten Cultus	79— 94
	1) Die Erntegebräuche	79— 84
	2) Das Fest der Winter-Sonnenwende, die sogenannten Zwölften, zwischen Weihnachten und Gross-Neujahr	84— 94
V.	Wodan, Frick und Frau Harke in ihren Beziehungen zur Sonne	94—103
VI.	Sagen von der weissen Frau, der Wolken- und Sonnenfrau, und ihrer versuchten Erlösung im Gewitter	103—113
VII.	Das Geistervolk. Unterirdische, Nixen, Kobolde, Mahrten, Drak u. s. w. Aberglauben und Gebräuche	113—125
Schluss-Betrachtungen		125—126
I. Anhang:	Die rothe Kuh im Regenbogen und Iris mit dem Stierkopf, so wie die stierhäuptigen Wassergötter der Griechen, eine Parallele	126—134
II. Anhang:	Zur Sage von Bärens Kirchhof	134—136

Es gab eine Zeit, — und sie liegt nicht so fern, — wo man eine deutsche Mythologie nicht kannte, wo man, was sich an sogenanntem Aberglauben, Sagen, Märchen und Gebräuchen in Deutschland, besonders beim Landvolke, vorfand, meist verächtlich bei Seite schob, bis Jacob Grimm, wie auf andern Gebieten schöpferisch, so auch hier mit kundiger Hand die Zauberwelt deutschen Glaubens wieder herauf beschwor und zeigte, dass eben jene Sagen, Märchen, Gebräuche und Alles, was man gewöhnlich Aberglauben nennt, in seinen Hauptmassen die letzten Reste des alten deutschen Heidenthums seien [1]). Ist es gleich nicht mehr jener stattliche Urwald, in dem unsere Väter Jahrhunderte lang ein zwar rohes, doch frisches Leben führten, sind gleich seine schönsten Bäume im Sturm der Zeiten entwurzelt, und statt ihrer andere aus fernen Zonen angepflanzt worden, die weithin ihre Wurzeln verbreitet und hoch ihre Häupter erhoben haben: noch immer blickt der alte Götterhain in allen deutschen Gauen als Busch und Gestrüpp zwischen durch, das zu uns spricht von vergangenen Tagen und von der

---

[1]) Grimms deutsche Mythologie 1835 und in einer 2. Ausgabe 1844.

Väter Träumen und Denken. Nichts kann mehr den innerlich stätigen Gang der Entwicklung des Menschengeschlechts nachweisen, als diese Thatsache. Mochte immerhin in wilderen Zeiten, wo die Gewalt fast Alles entschied, auch Gewalt dem neuen Principe Raum verschaffen, um sich geltend zu machen: es bedurfte doch seiner ihm nöthigen Entwicklungszeit, um sich dem Volke vo vollständig einzubilden, dass es das alte ganz verdrängte. Tausend Jahre ist es her, dass Karl der Grosse mit Feuer und Schwert das Heidenthum in Norddeutschland zerbrach und Kirchen und Kapellen erbaute, und erst jetzt, nachdem während dieser ganzen Zeit das Christenthum und eine neue Bildung, die mit ihm einzog in das Land, am Volke gearbeitet, erst jetzt nach tausend Jahren giebt das Heidenthum, auf allen Stellen vom Geiste überwunden, seine letzten Posten dem siegreichen Christenthume(,) und der neuen Zeit gegenüber auf. Erst heut verschwindet bei dem der Zahl nach grössern Theil des Volkes der letzte Glaube an die alte Geisterwelt mit ihrem wilden Jäger und ihren weissen Frauen, Nixen und Kobolden, Mahrten und Drachen, Hexen und Zauberern: ein oder zwei Geschlechter vor uns musste die Bildung noch fortwährend dagegen ankämpfen. Ja noch nicht zwei Jahrhunderte ist es her, dass das im Christenthum wieder aufgestandene Heidenthum mit seinem Hexen- und Zauberglauben jene Verfolgungen veranlasste, die als düsteres Nachtgemälde sich in einzelnen Zügen bis in die neuesten Zeiten erstrecken.

Freilich ist dies Haften des Heidenthums erklärlich, wenn man die Verhältnisse erwägt; den verschiedenen Character des Heidenthums und des Christenthums, wie dieser besonders hervortreten musste gegenüber den Schichten des Volks, in denen jenes sich so lange erhalten, nämlich dem Landvolke. Man kann sich kaum eine Vorstellung machen, — genauere mythologische und ethnographische Studien werden dies noch immer mehr in's Licht stellen, — mit wie wunderbaren und feinen Fäden das Heidenthum das ganze menschliche Treiben und Leben umfasst hielt [1]). Alles trat in mittelbare oder unmittelbare Beziehung zu den Wesen, die man bald sichtbar, bald unsichtbar neben sich in der Welt, besonders in der Natur, wirksam wähnte, und von denen man sich mehr oder weniger abhängig fühlte. Krieg, Jagd, Ackerbau, Viehzucht, das öffentliche und Privatleben, jedes Unternehmen, auch das kleinste, ward in Beziehung gesetzt zu ihnen [2]); das stets rege Wirken der Natur, den Himmel mit seinen Erscheinungen verwebte die gläubige Phantasie mit dem irdischen Treiben; der Mensch bewegte sich gleichsam in einer Zauberwelt, und wenn er gleich in dieser Weise sie sich selber geschaffen hatte, indem er sie so nur wahrzunehmen glaubte, so begleitete sie ihn doch von der Wiege bis zur Bahre; an seine Geburt sowohl, als an seine Bestattung knüpfte sich allerhand Glaube, der Gebräuche mannigfacher Art damit verbunden wissen wollte [3]). In diesem Lichte erscheint mehr oder

---

[1]) Wie sehr der Volksglaube dies zum Theil noch heute thut, nimmt man erst recht wahr, wenn man sich mit dem Sammeln derartiger Sachen beschäftigt.

[2]) Ich erinnere nur des Beispiels halber an die vielfachen Beziehungen in den gewöhnlichsten Handlungen auf den zu- und abnehmenden Mond, wie sie auch noch besonders bei den sogenannten Sympathien hervortreten.

[3]) Noch heut zu Tage lässt man z. B. in der Stube der Wöchnerin

minder jede Religion in ihrem ursprünglichen, rein volksthümlichen Character, der weniger in grossen Culten und Festen, als im engen Anschliessen an das ganze Leben sich bekundet, und diesen Character hatte auch noch das deutsche Heidenthum im Wesentlichen bewahrt, als das Christenthum es traf. Es war erst, wie man aus Allem abnimmt, auf dem Wege zu dem Glanze eines homerischen Götterhimmels, wie ihn dort unter einem frühzeitigenden Himmelsstrich schon ein Paar tausend Jahre zuvor ein regeres Leben und mit demselben ein reiches Sänger- und Priesterthum geschaffen hatte, und welchem Character anderseits die (₃) scandinavische Mythologie wohl schon wegen der längeren Dauer und des auch durch Schifffahrt entwickelten Verkehrs etwas näher gekommen war; — eine Entwickelungs-Epoche übrigens, die, was sie an Glanz aufbietet, mit der nothwendigerweise eintretenden Verallgemeinerung des Characters an Innigkeit einbüsst.

Aber jenes Beherrschen des ganzen Lebens der Menschen von Seiten des Heidenthums, von dem wir geredet, wie es sich mehr auf das Aeussere erstreckte, so bekundete es sich auch in der Art, wie es bis in's Kleinste herrschte, nämlich durch Gebräuche und Gewohnheiten, die der Glaube heiligte, als etwas Aeusserliches. Dem gegenüber trat nun aber das Christenthum mit seiner **innern Gewalt**, die sich an den **innern Menschen** richtete. Es verlangte zunächst mit dem Glauben an einen

---

das Licht nicht ausgehen, damit Niemand, wie noch die Alten auf dem Lande wissen, dem Kinde etwas anthun, besonders aber die Unterirdischen, die Zwerge, es nicht stehlen können; — und wenn Jemand stirbt, öffnet man das Fenster, dass seine Seele hinaus **fliege**.

Gott das Bekenntniss Christi, welcher sich für der Menschen Sündhaftigkeit und Schwäche hingegeben; dann aber nur eine durch bestimmte einfache Formen geregelte Verehrung. So trat es dem Einzelnen gegenüber und liess somit noch viel Raum, von den Vätern ererbte und deshalb immer noch werthe Vorstellungen festzuhalten. Denn, wo die Herrschaft der christlichen Kirche nun fester begründet wurde, verbannte sie zwar das Heidenthum aus dem Vordergrund des grossen öffentlichen Lebens, aber es blieben immerhin noch Kreise genug übrig, in denen es sich theils, wenn auch eingeschränkt, bewegen und ruhig fortbestehen, theils unter anderer Form wieder aufleben konnte. Zweierlei kam nämlich noch hinzu. Einmal brachte das Christenthum, wie es überhaupt die Natur ausschloss, für vieles Wunderbare in derselben, was der Heide mit seinem Glauben in Verbindung gebracht und sich so gedeutet hatte, keine Erklärung mit; nur die Haupterscheinungen des Gewitters, der Wandel der ewigen Gestirne, ward, wenn auch nur äusserlich, mit dem christlichen Gott in Verbindung gebracht; in dieser Beziehung ward also derjenige Theil des Heidenthums, welcher sich an die Natur knüpfte, nur beschränkt, nicht vollständig beseitigt. Dann aber brachten die Verkündiger der neuen Lehre selber ja neben der christlichen Vorstellung eines Gottes den Glauben an gute und böse Geister mit, Grund genug, dass heidnische Vorstellungen in Menge sich fort erhielten, ja öfters sogar ein christliches Gewand annahmen, dass z. B. was im alten Heidenthum als bös aufgetreten war, auf den Teufel übertragen wurde, was als gut hingegen erschienen, in die Natur von Engel oder Heiligen überging. Wurden doch selbst die höchsten Gestalten des Christenthums durch die noch immer wache Naturanschauung im Volke gleichsam zu neuen Naturgottheiten umgestaltet; ward doch, um nur etwas herauszugreifen, Petrus, der himmlische Pförtner, als der zeitweilige Ordner des Wetters angesehen[1]), und ihm deshalb, z. B. im Saterland bei der Ernte ein Busch Roggen stehen gelassen[2]); ja glaubte man doch, im Gewitter verfolge Gott selbst den Teufel, wie es der esthnische Volksglaube bestimmt hinstellt[3]), und wie auch Vieles im deutschen auf diese Vorstellung hinweist, so z. B. (4) die noch heut in Pommern gebräuchliche Redensart: »Nun schlag Gott den Teufel todt«, welche gleichbedeutend mit dem: »Nun schlag ein Donnerwetter darein«, auftritt. — Es blieben also, wie wir gesehen, dem Heidenthum, wenn es auch aus dem öffentlichen Leben immer mehr verschwand, die mehr täglichen Himmelserscheinungen nicht mehr mit ihm in Verbindung gesetzt wurden, doch noch Anknüpfungspunkte genug in dem ausserhalb desselben liegenden Leben und allerhand besonderen Naturerscheinungen. Besonders werden es aber hier ausser den Hauptereignissen des Familienlebens, wie Geburt, Hochzeit und Tod, jene aus der Heidenzeit mit herübergenommenen Thätigkeiten der

---

[1]) So sagt man z. B. in der Uckermark bei bunt wechselndem Wetter: „hê (d. h. Gott) is allwedder nich to hûs, Petrus is an't regêren", Kuhn und Schwartz, Norddeutsche Sagen. Leipzig 1848. Abergl. 415.

[2]) Das sogenannte Peterbült, vergl. Norddeutsche Sagen, Gebr. 99.

[3]) Grimm, Myth. I. Ausg., Anhang p. 123 Nr. 61. „Der Donner entsteht, wenn Gott dem Teufel nachsetzt, ihn erreicht und niederschmettert. Man macht während des Gewitters Thür und Fenster zu, damit der gejagte Teufel sich nicht in's Haus flüchte, und da ihn Gott immer ereilt, dieses vom Donner getroffen werde."

Jagd, des Ackerbaues, der Viehzucht, des Spinnens u. dgl. sein, an denen noch die meisten heidnischen Gebräuche und Vorstellungen gehaftet. Und wenn das Letztere schon besonders auf das Landvolk hinweist, so wird sein inniger Verkehr mit der Natur es auch in dieser Hinsicht geeignet erscheinen lassen, die darauf bezüglichen heidnischen Vorstellungen festgehalten zu haben, zumal wenn man die Einfachheit der ländlichen Verhältnisse hierbei in Anschlag bringt, so wie die Zähigkeit, mit welcher der mehr in der Natur Lebende Alles, was er ererbt und ihm somit lieb geworden ist, festzuhalten pflegt.

Aus diesen Betrachtungen aber ergiebt sich für uns, die wir etwas näher auf den heutigen Volksglauben, als den Rest des alten Heidenthums, eingehen wollen, gleich etwas Wichtiges. Es bestimmt sich nämlich hiernach die Beantwortung der Frage, was eigentlich vom alten Heidenthum im heutigen Volksglauben übrig geblieben sei. Man kann dies, glaube ich, nicht besser bezeichnen, als wenn man es im Allgemeinen die niedere Mythologie mit ihren Gebräuchen nennt. Alles, was sich unmittelbar auf die grössern Naturerscheinungen, auf das grössere öffentliche Leben bezogen, wird weggefallen sein, wenn es nicht unter anderer Form sich geborgen; festgehalten hingegen wird nur der Theil des Heidenthums sein, welcher die einfachsten Thätigkeiten des Menschen, wie sie das Landvolk im grossen Ganzen aus heidnischer Zeit mit herübergenommen hat, so wie das Familienleben umfasst, oder sich an das geheimnissvollere Treiben der Natur anschliesst. In dieselben Kreise verwiesen wird auch scheinen, was sich sonst noch an Sagen und Gebräuchen daran reiht, obwohl noch oft bei genauerer Betrachtung diese hinübergreifen in das Gebiet, was der eigentliche Glaube aufgegeben, in die Anschauungskreise, die das Christenthum und die mit demselben verbundene Bildung jenem abgerungen hat. Dies gilt von dem grössern Theile; vereinzelt erscheint dem gegenüber und in jedem Falle besonders nachzuweisen, wo das Heidnische unter christlichen Formen fortgelebt. Demnach trete ich J. Grimm, wie auch schon oben ausgesprochen, unbedingt bei, wenn er eben diesen Volksglauben zusammenhält mit den Nachrichten römischer Schriftsteller über die Hauptgötter der Deutschen und durch Vergleichung mit der verwandten nordischen Mythologie, welche sowohl ausgebildeter, als reicher überliefert worden, das Bild jener erweitert und schliesslich sagt[1]): »In unserer heidnischen Mythologie treten Vorstellungen, deren das menschliche Herz hauptsächlich bedarf, an denen es sich aufrecht erhält, stark und rein hervor. Der höchste Gott ist ihm ein Vater, Altvater, Grossvater, der Lebenden Heil und Sieg, Sterbenden Aufnahme in seiner Wohnung gewährt. Tod ist Heimgang, Rückkehr zum Vater. Dem Gott zur Seite steht die höchste Göttin als Mutter, Altmutter, Grossmutter, (,) weise und weisse Ahnfrau. Der Gott ist hehr, die Göttin leuchtend von Schönheit; beide ziehen um und erscheinen im Land, er den Krieg und die Waffen, sie spinnen, weben, säen lehrend.« Aber nicht kann ich J. Grimm beistimmen, wenn er hernach diesem entwickelteren Bilde gegenüber und den Gestalten, in denen es in dieser Weise auftritt, den heutigen Volksglauben in seiner Ge-

---

[1]) Grimm's Myth. 1844, p. XLI.

sammtheit, als Entartung fasst, wenn er z. B. Myth. XXXII sagt: »Wuotan, Donar, Zio, Phol zogen die Natur übelthätiger, teuflischer Wesen an, und die Sage von ihrem feierlichen Jahresumgang gestaltete sich zu einem wilden wüthenden Heer, dem das Volk mit Scheu auswich, wie es sich ehemals gedrängt hatte zu jenen Umzügen.« Vielmehr werden wir nach dem Obigen in dem heutigen Volksglauben, wo nicht bestimmter Bezug auf das Christenthum hervortritt, den alten Volksglauben selbst nur in seinen untern, mehr rohen Schichten, wenn auch etwas zusammengedrückt, wieder zu finden meinen, und wenn wir in ihm und den sich daran reihenden Sagen und Gebräuchen nun die alten Göttergestalten noch selbst wurzeln, ja aus ihm sich entwickeln sehen: so behaupte ich im Gegentheil, dass wir hier nicht die entarteten, sondern die ursprünglichen und eben desshalb auch roheren Formen derselben vor uns haben, wie z. B. gerade in Betreff der eben aus Grimm's Mythologie angezogenen Stelle die folgende Untersuchung in der Vorstellung eines wilden, wüthenden Heeres den ursprünglichsten Character der betreffenden Anschauungen darlegen wird. Denn einmal verhalten sich diese Gestalten zu dem vollendeten Bilde, welches man durch den Vergleich mit ihren nordischen Ebenbildern erhält, wie die alten volksthümlichen Gestalten der Griechen zu den durch Verkehr und Sängerthum ausgebildeten homerischen, wie z. B. die Hekate des griechischen Volksglaubens zur homerischen Artemis oder der russige Hermes, mit dem man die Kinder schreckte, dass er aus dem Kamine hervorkommen würde, zu seinem homerischen Gegenbilde. Dann aber zeigen die so gewonnenen deutschen Göttergestalten durch ihr enges Anschliessen an die einfachsten Lebensverhältnisse und an die Natur, welche den Menschen umgiebt, eben, dass dies ihr ursprüngliches Element ist.

Bei genauerer Betrachtung des Stoffes von diesem Standpunkte aus, können wir überdies, trotz manches Lückenhaften, grade in diesen Kreisen die Wesen noch deutlich in ihrem Uebergang von dem an eine bestimmte Naturerscheinung gebundenen Zustande in die freier und somit edler göttlicher Wesen, auf die der Mensch dann alles Gute und Schöne seiner eignen Natur häufte, verfolgen. Dieser Fortschritt vom Naturwesen zum Gott, um mich so auszudrücken, tritt besonders hervor in dem Verhältniss des Volksglaubens, welcher die Gestalten noch unmittelbar wirkend in der Natur vorstellt, zu dem sich daranschliessenden Cultus, wo diese Beziehung zurücktritt, der Character sich verallgemeinert. Die Sagen, oder besser gesagt die Mythen, bilden die Brücke zwischen beiden; sie sind gleichsam Variationen auf den Volksglauben, sie zeigen uns die Naturmächte in dem mannigfachen Wechsel der Naturerscheinungen, denen sie angehören, thätig sowohl als leidend, und wie sich dabei endlich die Person des Gottes als etwas Bleibendes für den Cultus herausgebildet hat. Je reicher sich aber der deutsche Aberglaube selbst bis in seine kleinsten Theile vor uns entfaltet, je mehr wir ihn in den Sagen durch die verschiedenen Landschaften verfolgen können, einen (,) desto tieferen Blick werden wir grade in jenes Erwachsen des alten Heidenthums aus der breiten Grundlage volksthümlicher Vorstellungen thun können, und grade in dieser Beziehung ist und wird das Studium der deutschen Mythologie fruchtbringend für die übrigen Mythologien, von denen wir gewöhnlich mehr die Hauptgestalten im Strahlenglanze einer entwickelten Zeit ohne jenen Hintergrund kennen. Wie der Raum uns aber schon in Betreff des Allgemeinen nur ein Skizziren unserer Ansichten gestattete, so werden wir uns auch in der Ausführung beschränken müssen und können das Gesagte nur an einem Paar Hauptgestalten ausführlicher nachweisen. Da wird sie uns denn der **Volksglaube** zunächst meist nur des Nachts zur Geisterzeit[1]), die daran sich reihenden **Mythen** werden sie uns aber noch in immer weiteren Kreisen, bei Tag und Nacht, ja das ganze Jahr hindurch thätig und in Beziehung zu den Menschen tretend, zeigen; der **Cultus** endlich wird, so weit noch Spuren davon vorhanden, sie nicht bloss an gewisse Erscheinungen geknüpft, sondern schon von der ursprünglichen Natur mehr gelöst und nach allen Seiten hin das Leben beherrschend aufweisen. Das Erstere wird aus der Sagenmasse noch reichhaltiger hervorblicken, während die Fäden des Letzteren mehr durch das Christenthum abgerissen sind.

Ehe wir aber dazu übergehen, bleibt noch eins zu bemerken. Wenn ich nämlich im grossen Ganzen eine Entartung des alten Heidenthums im heutigen Volksglauben und dem, was sich daran reiht, leugne, sondern es eben in ganz anderer Weise aufgefasst zu sehen wünsche, so bleibt doch Etwas zu erwähnen, was hierher zu gehören scheint, aber nicht von unserm Volksglauben dem Christenthume gegenüber in's Besondere, sondern

---

[1]) μακάρων τοι νύκτες ἔασιν. Hesiod. Op. et dies. 730.

von jeder Mythologie gilt, das ist, dass die Mythologie dem Leben der Völker gleichsam nachrückt und sich so äusserlich erneuert, wodurch auch die ganze Sagenmasse dann immer einen neuen Anstrich bekommt. Es ist zunächst das, was Grimm den historischen Niederschlag von Mythen nennt, welchen auch unser Deutschland im hohen Maasse kennt, wo nämlich Mythen als Sagen von Helden wieder erzählt werden, und in diesem Falle natürlich oft in etwas modificirter Gestalt. Dies hängt zusammen mit dem schon vorhin berührten Hervorbilden der Göttergestalten aus der Natur zu freien, göttlichen Wesen, die man dann ohne stätige Beziehung auf jene Naturkreise verehrte. So lange die Vorstellung nämlich die Gestalt nur an bestimmte Naturerscheinungen knüpfte, mussten im Glauben der Völker diese Götter als endlich, mit der Naturerscheinung entstehend und vergehend, oder wenigstens verschwindend, erscheinen. Dies war die Zeit, wo die Mythen von den Göttern entstanden, die Zeit der Göttergeschichten. Als nun aber die Gestalten, die im Glauben hafteten, sich loslösten von der Naturerscheinung, zu freien Wesen wurden, die im ewigen Glanze strahlten, — wie sich diese Entwickelung auch in der griechischen Mythologie noch nachweisen lässt, — mussten auch jene Mythen, die eigentlich zu unvollkommneren Gestalten gehörten, mit den vollkommneren nicht mehr vereinbar waren, sich von ihnen loslösen und konnten sich so an andere Gestalten ansetzen. Und wie allen Völkern berühmte Helden in einem schönern Lichte erschienen, wie man, wenn jene es nicht schon selbst thaten, ihr Geschlecht mit den Göttern(,) in Verbindung brachte, wie die homerischen Helden alle δῖοι heissen, die angelsächsischen Stammtafeln alle auf Wodan zurückgehen und die Göttermutter Frigg in den Sagen noch als Ahnmutter so vieler edler Geschlechter auftritt: so ist demnach die Uebertragung von alten Mythen auf Helden sehr erklärlich. Ein Name, welcher im Gedächtniss des Volkes haften geblieben, trat in der Erzählung, welche die Zeit und Entwicklung ausser Verbindung mit dem Gott gebracht hatte, an die Stelle desselben, und damit änderte sich dann auch die ganze Scenerie. Dasselbe konnte sich nun öfter wiederholen. Sobald der Held vergessen ist, und ein anderer im Bewusstsein des Volkes sich in den Vordergrund drängt, tritt dieser an seine Stelle, und die Sage rückt wieder in eine näher liegende Zeit und bekommt wieder einen neuen Rahmen, gerade wie in städtischen Verhältnissen gewisse volksthümliche Anecdoten mit jeder Generation auf neue Persönlichkeiten übertragen werden. Dies Gesetz gilt in der umfassendsten Weise auch von den Resten unseres Heidenthums und dadurch bekommen sie oft einen **neueren Anstrich**; es betrifft aber meist nur den **Namen** der handelnden Personen und die **Scenerie** der Erzählung, weniger den Inhalt der Sage oder des Mythos. Ein Beispiel wird dies vollständig in's Klare setzen, und zwar wähle ich dazu eine mehr historische Sage aus unserer Nähe, wo man dies Fortrücken recht deutlich wahrnehmen kann. »Bei Pichelsdorf zieht sich nämlich eine Landzunge ziemlich weit in den See, welchen die Havel dort bildet, die man »den Sack« nennt. Dorthin soll einst Jemand, der in der Nähe eine Schlacht geschlagen, auf der Flucht gerathen sein, und seine Verfolger schon triumphirend ausgerufen haben: »Nun haben wir ihn im Sack«, woher auch dies Stück Landes noch heut »der Sack« heisst. »Er aber«, wird weiter erzählt, »gab seinem Pferde die Sporen und stürzte sich mit ihm in den See, und wo er am anderen Ufer glücklich landete, hängte er zum ewigen Andenken an den gefahrvollen Ritt Schild und Horn an einer Eiche auf, und die Stelle nennt man noch heut das Schildhorn.[1]« Soweit im Allgemeinen die Sage. Gewöhnlich meint man nun, es sei Jazco von Köpenick gewesen, der von Albrecht dem Bären bei Spandow geschlagen, hier durch die Havel gesetzt, und, nachdem er zuvor gleichsam zum Versuch den Gott der Christen angerufen, Christ geworden sei. In Pichelsdorf selbst erzählen ältere Leute es vom grossen Kurfürsten[2]), jüngere, denen dieser schon anfängt zu fern zu liegen, vom alten Fritz[3]). Es ist gleichgültig für uns, ob, was Einige bezweifeln, es wirklich Jazco von Köpenick gewesen: der Schild wenigstens beweist, dass es weder der grosse Kurfürst, noch der alte Fritz gewesen. Man sieht aber an diesem Beispiele deutlich, wie im Volke derartige Sagen übertragen werden, und ermisst, wie damit sich auch das, was wir vorhin die Scenerie der Sage nannten, ändern kann, denn auch in unserer Sage würde beim alten Fritz z. B. der Schild wohl nicht haften geblieben, sondern Anderes an seine Stelle getreten sein, vielleicht gar sein Krückstock, wenn

[1]) Kuhn, Märkische Sagen, Berlin 1843, S. 126.
[2]) Ist an der unter Anm. 1. angeführten Stelle hinzuzufügen, wo es nur im Allgemeinen heisst: „Zu den Zeiten des 30jährigen Krieges u. s. w."
[3]) Neuerdings hörte ich sogar Versionen, welche als den kühnen Schwimmer Gustav Adolph bezeichneten oder, offenbar in Anlehnung an den Namen des Orts, ihn General Schild nannten, wie ich dies schon in meinem Buche über den Ursprung der Mythologie. Berlin 1860, p. 25 erwähnt habe.

nicht der Name der Landzunge »das Schildhorn« jenes bewirkt hätte.

Hiernach kann es nicht auffallen, wenn wir bei den nach den Landschaften so verschiedenen Variationen der Sagenkreise dasselbe bald von einem göttlichen Wesen, bald von einem älteren oder jüngeren Helden erzählen hören; es ist das keine durch das Christenthum bewirkte Entartung, sondern nach einem in den Mythologien und dem Volksbewusstsein begründeten Entwickelungsprozesse geschehen.

Sagen von der wilden Jagd. (Wodan u. Frick.)

(a) Die Gestalten, welche wir in Volksglaube, Sage und in den Resten des Cultus weiter verfolgen wollen, sind zunächst die des Wodan oder Gwodan und seiner Gemahlin der Frea oder Frick. An sie knüpfen sich noch von allen Göttern die meisten Erinnerungen aus dem alten Heidenthum, sie sind es, welche uns ausdrücklich durch die ältesten Zeugnisse als die Hauptgötter des deutschen Festlandes hingestellt werden, wie sie auch an der Spitze des nah verwandten nordischen Götterhimmels erscheinen[1]). Zunächst ist es aber die weitverbreitete Sage vom wilden Jäger oder der wilden Jagd, welche sich hier der Betrachtung in den Vordergrund drängt, und die auch noch im Glauben des Volkes selbst, zumal in waldreichen Gegenden, am meisten festgehalten wird. Wie

---

[1]) Vergl. Grimm, Myth. unter Wuotan und Frikka. Besonders ist hier die Stammsage der Longobarden bemerkenswerth, wie sie Paulus Diaconus erzählt, in der Wodan (Wuotan) und seine Gemahlin Frea (Frikka) auftreten, welche ganz dem nordischen Odhin und der Frigg entsprechen.

der griechische Volksglaube die Hekate mit ihren **Hunden** durch die Wälder ziehen liess (Lucian Philops. c. 22 sqq.), und auch von den Göttern des homerischen Himmels die ihr nah verwandte Artemis sich als **jagende Gottheit** bekundet, ihren Bruder Apollo noch Bogen und Pfeil ursprünglich als solchen bezeichnet[1]): so tritt auch noch jetzt beim deutschen Landvolke fast überall, wenn auch schon im Verbleichen, der Glaube an ein **übermächtiges Wesen**, das besonders zur **Nachtzeit**, wenn der **Sturm dahinheult**, in wilder Jagd mit seinen **Hunden** durch die **Wälder** zieht, hervor. Mag auch die Aufklärung dagegen ankämpfen und die Erscheinung aus dem Brausen und Heulen des Windes, so wie aus dem Geschrei der von demselben aufgeregten Vögel, namentlich der Eulen, erklären, das Übrige aber als Visionen deuten, wie sie durch eine in solchen Lagen natürliche Beklommenheit des Gemüths veranlasst werden und sich dann den überlieferten Erzählungen anschliessen: der Glaube ist fast nirgends schon ganz ausgerottet, die Vorstellung selbst wenigstens noch allgemein bekannt. Der Name aber sowohl, welcher an den verschiedenen Orten für diese Erscheinung eintritt, als auch die damit verbundenen Sagen zeigen uns ganz deutlich den oben genannten Gott oder die Göttin an der Spitze dieses Zuges in riesenhaft-gespenstischer Gestalt, was in allen Mythologien, als der ursprünglichere Character der Gottheiten erscheint[2]). Hat die Mittelmark gleich nur die all-

---

[1]) [s. Urspr. der Myth. die Stellen im Register unter „Wilder Jäger."]

[2]) Auch bei Homer blickt der riesenhafte Character der Götter noch hindurch, vergl. Grimm, Myth. 1844, p. 289.

gemeine Bezeichnung der wilde Jäger oder die wilde Jagd bewahrt[1]), so weist die Uckermark schon den Namen der Frick in dieser Beziehung auf, dort heisst es: die olle Frick jage mit ihren Hunden[2]). In einzelnen Theilen Pommerns, in Mecklenburg und Holstein, so wie in der Priegnitz und dem nördlichen Theile (.) der Altmark lässt man den Wodan selber zu Zeiten noch ziehen[3]). In den verschiedensten Formen hat sich diese Ueberlieferung dort erhalten. In den ersteren Gegenden tritt noch direct die Redeweise »de Wode tüt« oder »jaget« auf, in den letzteren, so wie auch schon in dem Theile Mecklenburgs, welcher der Elbe zu liegt, erscheint dafür die Form Fru Gauden, Fru Gode u. dergl., was, wie wir weiter unten sehen werden, ebendahin zielt, mag es ursprünglich als ein weibliches Wesen neben dem männlichen gefasst oder nur aus Missverständniss im Laufe der Zeiten so gedeutet sein; wie auch noch neuerdings in Niederhöffers Mecklenburgischen Sagen von einer wilden Jägerin Frau Wauer aus der Gegend von Sukow bei Criwitz berichtet wird. Wenn man dann im übrigen Theile der Altmark und im Hannoverschen zwischen Elbe und Weser, ja noch stellenweise über die Weser hinaus, bei dieser Gelegenheit sagt: »der Hell-

---

[1]) Auch in anderen Gegenden, wo sonst noch bestimmtere Namen auftreten, kehrt die Bezeichnung der wilde Jäger oder ewige Jäger wieder.

[2]) Norddeutsche Sagen, S. 70.

[3]) Grimm, Myth. 1844, p. 871, 876 sqq. Müllenhoff, Schleswig-Holsteinische Sagen, p. 372, vergl. Vorrede p. 45. Märk. Sagen, S. 217, Norddeutsche Sagen S. 2. vergl. Gebr. Kap. XIV. [Niederhöffer Mecklenburg's Volkssagen. Leipzig 1858 II. p. 91 f., III. p. 190 f.]

jäger jagt«[1]), und südlicher, am Oberharz, im Braunschweigschen und Göttingschen: »der Hackelberg«[2]), so sind dies, wie auch J. Grimm namentlich von dem letzteren nachgewiesen, nichts als alte Beinamen oder besondere Bezeichnungen desselben Gottes. Im Osnabrückschen und im Saterlande endlich taucht der Name des Wodan selber wieder auf, dort heisst es unter Anderm z. B. der Woëjäger[3]), hier der Woïnjäger[4]) jage. Wie aber oben schon angedeutet, sind stellenweise auch einzelne bedeutende oder eigenthümliche Männer, die einen gewaltigen oder wunderbaren Eindruck auf das Volk gemacht und in seiner Erinnerung fortgelebt, an die Stelle des alten Gottes getreten. So lässt man bei Prenden in der Mark den alten Sparr aus der Zeit des grossen Kurfürsten mit der wilden Jagd ziehen[5]), in der Uckermark einen Grafen Schlippenbach[6]), in Schleswig-Holstein König Waldemar[7]) und König Abel u. s. w.[8]) Wenn somit diese Vorstellung sich noch, wenn auch in verschiedener landschaftlicher Gruppirung, über ganz Norddeutschland verbreitet zeigt, so kehren auch überall in den Sagen, welche sich daran reihen, neben Besonderem dieselben Grundzüge wieder und gruppiren sich dann mit jenem vereint zu einem gemeinsamen grossen Bilde. Wir werden desshalb die einzelnen Landschaften durchwandern.

Die Mittelmark also, um mit dieser anzufangen, kennt die Erscheinung nur unter dem Namen der wilden

---

[1]) Märkische Sagen, S. 23., Norddeutsche Sagen, S. 150, 310, vergl. Anm. und die dort aus Grimm citirten Stellen. [2]) Märkische Sagen, S. 17, Norddeutsche Sagen, S. 182, 203, 265, 281. Abergl. 248 und Anm. dazu, sowie Grimm, Myth. 1844, p. 873 sqq. [3]) Norddeutsche Sagen, S. 324. [4]) Norddeutsche Sagen. Abergl. 244. [5]) Norddeutsche Sagen, S. 76. [6]) Norddeutsche Sagen, S. 63. [7]) Müllenhoff, Schl.-Holst. Sagen, p. 361. [8]) Ebendaselbst, p. 362.

Jagd oder des wilden Jägers. Bald ist es ein ganzer Geisterzug, an dessen Spitze nur einer hervorragt, bald ein einzelner, gewaltiger Jäger, der im Geheul des Windes mit seinen Hunden durch die Luft zieht[1]), und dem der nächtliche Wanderer sich wohl hüten muss, irgendwie zu nahe zu kommen, wenn er nicht übel fahren will. »So,« heisst es, »trieb einmal ein Junge sein Vieh nach dem Renneberg zu, der bei Jänickendorf unweit Luckenwalde liegt, da hörte er plötzlich über sich eine wunderschöne Musik, dazwischen aber ein gewaltiges Brausen, Heulen und Bellen der Hunde und den Ruf der Jäger. Da hat er sich denn, weil er schon von der wilden Jagd gehört, still zur Erde gebückt, und die wilde Jagd ist über ihn fortgezogen, ohne ihm etwas zu Leide zu thun. Schlimm ist's dagegen einem andern ergangen, der auf der Wiese nach Schönfeld zu bei einem Feuer, das er sich angemacht hatte, lag; der hörte nämlich eine Stimme, die ihm zurief: »Steh auf.« Er aber blieb liegen und regte sich auch nicht, als es zum zweiten und zum (10) dritten Male rief. Da ward er plötzlich, weil er durchaus nicht von selbst gehen wollte, unter den Armen ergriffen und weit fortgeschleudert. Als er sich darauf etwas von seinem Schrecken erholt hatte, ging er zurück und fand nun das Feuer weit auseinander gerissen, so dass er sich die Kohlen erst mühsam wieder zusammen suchen musste.«[2]) Nicht viel besser ging es einer Frau im Blumenthal bei Straussberg, die mit andern noch spät Abends im Walde war, wo sie Beeren

---

[1]) In der nordischen Mythologie begleiten zwei Wölfe den Gott, wie den Hackelberg zwei Hunde.
[2]) Märkische Sagen, S. 96.

gesucht. Da hörten sie nämlich, wird erzählt, von fern ein lautes »Hoho«, Peitschengeknall und Hundegebell. Weil ihr nun ein so arger Lärm im Walde noch nie vorgekommen, fragte die Frau die übrigen, was das wäre, und als sie erfuhr, dass es die wilde Jagd sei, ward sie neugierig und wollte doch gern mal den Zug, von dem sie schon so viel hatte erzählen hören, sehen; und wie sie nur wenige Schritte vorgegangen, wird der Lärm immer gewaltiger, und indem sie sich umblickt, sieht sie das Pferd des wilden Jägers dicht an ihrer Schulter; in demselben Augenblick ist sie aber auch schon zu Boden gerannt, und der Topf mit all den schönen Erdbeeren liegt zerbrochen an der Erde[1].« Wenn in diesen und ähnlichen Erlebnissen, wie sie an verschiedenen Orten wiedererzählt werden, der wilde Jäger nur Mangel an heiliger Scheu oder den Vorwitz strafend erscheint, so züchtigt er den Uebermuth auf derbere Weise. Wer es wagt in das Hallo des mächtigen Geistes irgendwie mit einzustimmen oder seiner gar zu spotten, dem wirft es eine Pferde-, zuweilen auch eine Menschen- oder Rehkeule herab, die ihm durch ihren Geruch eine abscheuliche Last wird und zauberhaft an ihm haftet, dass er sie nicht los werden kann. Gewöhnlich heisst es dabei, der wilde Jäger habe dazu gerufen:

»Hast du mit helfen jagen,
  Musst du auch mit helfen knagen.«

Solches erzählt man auch in der Gegend von Prenden vom alten Sparr, der, wie schon oben erwähnt, dem dortigen Glauben zu Folge, nach seinem Tode mit der

---

[1] Märkische Sagen, S. 175.

wilden Jagd gezogen, d. h. also dort an die Stelle des wilden Jägers getreten ist. Da heisst es nämlich unter Anderm, dass ein Bauer, als er einmal bei Nacht das Hallo und Jagdgeschrei gehört, in seinem Uebermuth mit eingestimmt habe, aber alsbald sei es still geworden, und eine Stimme habe gerufen:

»Hast du helfen jagen,
Sollst du auch helfen tragen.«

Und damit sei ihm auch gleich eine Menschenlende auf den Rücken geflogen, an deren Fuss noch ordentlich der Schuh mit einer Schnalle sass, wo der Name dessen darauf stand, dem sie gehört, und wie sehr er sich auch bemüht, sie wieder los zu werden, es sei ihm dies nicht gelungen, denn so oft er sie auch abgeworfen, sie hätte ihm gleich wieder auf dem Rücken gesessen, bis er sie endlich auf den Rath Jemandes nach dem Sparrschen Wildkeller getragen und sie so glücklich losgeworden sei[1]). — Aehnlich wie diesem Bauer soll es auch einem Herrn v. Arnstädt auf Gross-Kreutz gegangen sein. Der lag nämlich einst Abends schon im Bett, als er die wilde Jagd vorüberziehen hörte und ihr ein »Halb Part« nachrief. ([11]) Am anderen Morgen wird gesagt, habe er zu seinem Schrecken dicht vor seinem Fenster an einem gewaltigen Haken eine grosse Pferdekeule zu hängen gehabt, und so oft er sie auch fortnehmen, ja den Haken hätte herausreissen lassen, Haken und Keule seien immer wieder da gewesen[2]). Auch einem Förster bei Blankensee, der Abends im Fenster lag und spottend der wilden

---

[1]) Nordd. Sagen S. 76. [2]) Märkische Sagen, S. 63.

Jagd nachrief, warf's eine Rehkeule zum Fenster hinein mitten in das Zimmer, und die hat so übel gerochen, war auch auf keine Weise aus der Stube zu schaffen, dass Alles zuletzt hat hinausgehen müssen, da es vor Modergeruch nicht auszuhalten war[1]). — Wir werden nachher noch auf diese Keule, welche der wilde Jäger dem Spötter zuwirft, zurückkommen, hier sei nur so viel bemerkt, dass, wenn es gewöhnlich eine Pferdekeule ist, dies noch recht deutlich ein heidnischer Zug zu sein scheint, denn der Genuss des Pferdefleisches war heidnisch, wie er überhaupt ja in Deutschland erst unter Einwirkung der Geistlichkeit abgekommen ist[2]). In allen diesen Sagen erscheint aber der alte Gott mehr von **finsterer und böser Seite**, nur selten ist er gnädig; dann wandelt sich die Pferdekeule, oder was er sonst reicht, am andern Morgen in **Gold**.

Wenn aber die bisherigen Sagen ihn mehr in seinem Verhältniss zu den Menschen, welche ihm zufällig begegneten, schilderten, so bietet uns eine Havelländische Sage noch gradezu einen alten Mythos, in dem sich die Natur des Gottes noch genauer entfaltet, und der uns auch noch in anderer Beziehung weiter führen wird. Wie im griechischen Heidenthum Apoll, dann aber auch Hermes die Nymphen oder nach einer Sage die Hekate selbst auf der Jagd verfolgt, wie man in Attica erzählte, der Nordwind Boreas habe die Oreithyia als Braut sich entführt: so **jagt auch bei uns der wilde Jäger im Windsgebraus einem geisterhaften Weibe nach.** Die hierher schlagende Sage tritt freilich in einer Gestalt

---

[1]) Märkische Sagen, S. 102. [2]) Grimm, Mythol. p. 41.

auf, die nichts von der Schönheit ähnlicher griechischer Sagen an sich trägt, so dass also die Vergleichung von der verschiedenen Scenerie absehen muss. Hier heisst es nämlich, zu einem Pferdeknecht, der mal des Nachts draussen in der Koppel bei den Pferden gewesen, die grade an einem Kreuzweg lag, sei eine Frau eilig gelaufen gekommen und habe ihn gebeten, sie doch über den Weg zu bringen. Erst hätte er es nicht thun wollen, endlich aber hätte er sich doch bereit dazu gefunden, da sie so flehentlich ihn gebeten, und hätte sie hinübergebracht. Sogleich sei sie, so schnell sie nur konnte, weiter gelaufen, sei aber wunderbarer Weise immer kleiner und kleiner geworden, dass sie zuletzt nur noch auf den Knieen zu laufen schien. Gleich darauf sei auch ein kopfloser Reiter, der wilde Jäger nämlich, mit seinen Hunden angejagt gekommen und habe verlangt von dem Hirten ebenfalls über den Kreuzweg gebracht zu werden, denn er jage nun schon seit sieben Jahren nach jener Frau, und wenn er sie in dieser Nacht nicht bekomme, so sei sie erlöst. Da brachte denn der Hirt ihn sammt seinen Hunden hinüber, und es dauerte auch nicht lange, so kam der wilde Jäger zurück und hatte die Frau, welche ganz nackt war, quer vor sich auf dem Pferde zu liegen[1]). — Eine ähnliche Sage finden wir in Mecklenburg[2]) und im Magdeburgischen[3])([12]), hier heisst es geradezu, der wilde Jäger jage »seiner Buhle« nach.[4]) Die Bedeutsamkeit dieser Sage selbst in

---

[1]) Norddeutsche Sagen, S. 115. [2]) Ebendaselbst. [3]) Ebend. S. 151.
[4]) Auch in Mittel- und Süddeutschland jagt der wilde Jäger allerhand gespenstischen Weibern, den sogen. Moosleuten oder Holzweibchen der Sage gemäss nach. Vergl. Grimm, Myth. p. 881 sqq.

den einzelnen Zügen tritt noch mehr hervor, sobald man nur ihr einfach eine gegenüber stellt, die Grimm vom Grönjetten auf der Insel Möen anführt[1]). Der Grönjette, »der bärtige Riese«, der jede Nacht das Haupt unter dem Arm durch den Grünewald zu Pferde, seine Meute um sich, jagt, dem zur Erntezeit die Bauern ein Bund Haber für sein Pferd hinlegen, dass er des Nachts nicht ihre Saaten zertrete; gerade wie dem Wodan es im nördlichen Deutschland geschah und, wie wir weiter unten sehen werden, noch bis in die neuesten Zeiten oft unbewusst geschieht; derselbe Grönjette also, in dem J. Grimm auch an der angeführten Stelle den Wodan erkennt, jagt nach der Meerfrau; ein Bauer sah ihn zurückkehren, wie er die Meerfrau todt quer über seinem Pferde zu liegen hatte: »sieben Jahr,« meinte er, »jagte ich ihr nach, auf Falster habe ich sie erlegt«. Die Uebereinstimmung der Sagen fällt in die Augen. Wem aber ist nicht schon, wenn der im Tosen und Heulen des Sturmes dahinjagende Geist oder Gott, der Wodan, seiner Buhle nachjagend gedacht wird, der deutsche Ausdruck »die Windsbraut« (venti conjux) eingefallen, der auch in älteren Dialecten vorkommt und mehr den einzelnen Windstoss, den Wirbelwind, welcher dem Sturm vorangeht, bezeichnet, während im wilden Jäger mehr ein grösseres Unwetter hervortritt?[2]) und so erscheint denn auch in einer märkischen Sage die Windsbraut ganz in ähnlicher Weise persönlich aufgefasst, wie sonst der wilde Jäger[3]). »Es war,« heisst es, »ein Edelfräulein, welches die Jagd über Alles liebte und die Saaten des

---
[1]) Grimm, Myth. p. 896. [2]) Grimm, Myth. p. 598. [3]) Märkische Sagen, S. 167.

Landmannes verheerte, dafür ist sie nun verwünscht mit dem Sturm in alle Ewigkeit dahinzufahren.« Noch mehr Halt gewinnt diese Vorstellung durch den Glauben, den Wolf aus den Niederlanden berichtet. »Wenn Wirbelwinde,« heisst es dort, »auf Erden wüthen und Alles mit sich fortreissen, so ist das nichts Anderes, als die fahrende Mutter, welche ihre Umzüge hält, gerade wie auch sonst Hexen im Wirbelwind fahren oder nach Schwedischem Volksglauben durch einen Wirbelwind sich die Waldfrau ankündigt[1]«. Es tritt hier also eine zwiefache Auffassung des Unwetters uns entgegen, neben einander erscheint im Sturmesbrausen ein männliches und weibliches Wesen, und wenn »die Windsbraut« dahergejagt kommt, und ihr nach »der Sturm« tost, so ist es nichts anderes als der Sturmesgott Wodan, der seine Buhle, sein Weib, die fahrende Mutter verfolgt.[2]) —

Falls man aber noch zweifeln könnte, dass in folgerechter Entwickelung des Mythus dies die Frigg gewesen, welche auch in der nordischen Mythologie mit edlerem Ausdruck als seine Gemahlin erscheint, und die auch, wie die vorher in den Anmerkungen erwähnte Stammsage der Longobarden zeigt, in Deutschland es gewesen, so tritt die Uckermark mit ihren Sagen von der Frick dafür ein. Denn nicht allein, dass sie überhaupt hier gleich dem Gotte, wie schon oben bemerkt, im Sturmesgebraus mit ihren Hun-

---

[1]) Wolf, Niederländische Sagen, 1843, Nr. 518. Grimm, Myth. p. 699 [vergl. Kuhn's neue Westph. Sagen 1859 II. p. 92]. [2]) So tritt auch im Griechischen neben dem männlichen $ἄνεμος$ ein weibliches $θύελλα$ (und $ἄνεμος$ ist in dem Neugriechischen der Teufel. Grimm, Myth. p. 295, worin auch persönliche Auffassung durchblickt).

den durch die Luft ziehend gedacht wird, eine Sage knüpft sich noch an ihren Namen, in welcher sie recht eigentlich als **Windgöttin** und somit auch hierin als des (₁₃) Wodan Genossin, als **Windsbraut** auftritt[1]). »Vor Jahren,« wird erzählt, »als noch der Mahlzwang herrschte, und die Naugartner noch nach der Boitzenburger Mühle mussten, um dort ihr Mehl mahlen zu lassen, fuhr einmal ein Bauer erst spät Abends mit seinem mit Säcken beladenen Wagen heim. Da hörte er plötzlich ein gewaltiges Toben, und gleich darauf kommt auch die alte **Frick** mit ihren **Hunden** daher gestürmt. Der Bauer in seiner Herzensangst wusste nicht anders sich zu helfen, als dass er seine **Mehlsäcke** den Hunden dahinschüttete, die auch sogleich gierig darüber herfielen und **alles Mehl auffrassen**; hätte er das nicht gethan, so wäre es ihm schlecht ergangen. Betrübt kam er nun mit seinen leeren Säcken nach Hause und sagte zu seiner Frau: »Mutter, mir ist es schlimm ergangen, mir ist die alte Frick begegnet, und da hab ich nur eiligst ihren **Hunden das Mehl** vorgeschüttet, um sie los zu werden.« »Nun,« sagte die Frau, »sind die Säcke leer, so wirf die auch nur hin.« Das that der Mann, aber wie verwundert war er, als er am andern Morgen an der Stelle alle seine Säcke wieder wohlgefüllt dastehen sah[2])«. — Wie der Wind sonst selbst als gefrässig und hungrig dargestellt wird, so sind es hier die **Hunde** der im heulenden Gebraus dahin ziehenden Göttin, und wie ihnen

---

[1]) Welche Bedeutung übrigens die Vorstellung von einem Verfolgtwerden der Frick durch den Wodan im gesammten Mythenkreise beider Götter erhält, werden wir weiter unten sehen.
[2]) Norddeutsche Sagen, S. 70.

jener Bauer seine Mehlsäcke hinschüttete, um sie zu beschwichtigen, so schüttete nach Prätorius Weltbeschr. bei Grimm M., p. 602, zu Bamberg, als starker Wind wüthete, ein altes Weib ihren Mehlsack aus dem Fenster in die Luft und sprach: »Lege dich, lieber Wind, bring das deinem Kind.« »Sie wollte damit,« heisst es weiter, »den Hunger des Windes, als eines frässigen Thieres, stillen«[1]). Und wenn noch ein Zweifel übrig bliebe, dass die Sage und die Erscheinung der Frick in ihr auf demselben Glauben und derselben Anschauung beruhe, dass nämlich, wenn der Wind das Mehl zerführt, er seine oder seiner heulenden Hunde Gefrässigkeit sättige, man ihn demnach durch hingeschüttetes Mehl beschwichtigen könne; so stellt sich zur Bestätigung noch ein Norwegisches Märchen, das Grimm ebendaselbst citirt, vom Nordwind ein, der dreimal einem Kerl das Mehl wegnimmt, ihn aber hernach dafür durch kostbare Geschenke begütigt. Wenn aber Grimm hinzusetzt, der Nordwind erscheint hier ganz als ein grober, gutmüthiger Riese, so möchte ich das nun doch nicht in dieser Weise auf die Frick angewendet wissen, vielmehr dürfte das Verzehren des Mehls durch die Hunde, aus der Natur der Gottheit, das Erstatten aber aus dem Character derselben überhaupt als eines göttlichen und desshalb auch gütigen Wesens zu erklären sein. Wir hätten dann hier einen deutlichen Uebergang aus der an die Naturerscheinung gebundenen Götterge-

---

[1]) Auch nach der Chemnitzer Rockenphilosophie muss man dem Sturmwind einen Mehlsack ausstäuben und dazu sprechen: „Siehe da, Wind, koch ein Muss für dein Kind." Grimm, Myth. 1835, Abergl. 282, vergl. Kuhn in Haupt's Zeitschrift VI. p. 131.

stalt zum freien, göttlichen Wesen, das mehr aus Character gnädig ist; und wenn Letzteres, wie auch schon oben erwähnt, in den Sagen vom wilden Jäger seltener hervortritt, so findet das eben seine Erklärung darin, dass in denselben die Gottheit überhaupt noch an der bestimmten, meist wilden Naturerscheinung gebunden ist, und sie sich also, (₁₄) so lange sie sich in diesem Kreise bewegt, nur dem Character desselben gemäss zeigen kann.

Diesen Character bestätigen nun aber die entsprechenden Sagenkreise der übrigen Landschaften, auf welche wir schon oben hingedeutet, theils bieten sie uns neue Gesichtspunkte. Ueberwiegend zeigen uns aber diese den männlichen Gott in der Naturerscheinung, nur erwähnten wir schon oben für Mecklenburg jene auch auf das weibliche Wesen hindeutende Sage, und auch sonst finden sich hier noch Spuren der weiblichen, durch die Luft hinziehenden Göttin. Zunächst ist es aber der Wodan, der Wod, welcher hier jagt. »Oft bellen die Hunde in der Luft,« sagt J. Grimm[1], »in finsterer Nacht auf den Haiden, in Gehölzen und Kreuzwegen. Der Landmann kennt ihren Führer, den Wod, und bedauert den Wanderer, der seine Heimath noch nicht erreichte, denn oft ist der Wod boshaft, selten mildthätig. Nur wer mitten im Wege bleibt, dem thut der rauhe Jäger nichts, darum ruft er auch den Reisenden zu: »Midden in den Weg.« Ein Bauer kam einst trunken in der Nacht von der Stadt; sein Weg führte ihn durch einen Wald, da hörte er die wilde Jagd und das Getümmel der Hunde und den

---

[1] Grimm, Myth. p. 876 sqq. nach Lisch, Mecklenb. Jahrb.

Zuruf des Jägers in hoher Luft. »Midden in den Weg! Midden in den Weg!« ruft eine Stimme, allein er achtet ihrer nicht. Plötzlich stürzt aus den Wolken, nahe vor ihm hin, ein langer Mann auf einem Schimmel. »Hast Kräfte?« spricht er, »wir wollen uns beide versuchen, hier die Kette, fasse sie an, wer kann am stärksten ziehen?« Der Bauer fasste beherzt die schwere Kette, und hoch auf schwang sich der wilde Jäger. Der Bauer hatte sie um eine nahe Eiche geschlungen, und vergeblich zerrte der Jäger. »Hast gewiss das Ende um die Eiche geschlungen?« fragte der herabsteigende Wod. »Nein«, versetzte der Bauer, welcher sie eiligst losgewickelt, »sieh, so halt ich's in meinen Händen.« »Nun so bist du mein in den Wolken«, rief der Jäger und schwang sich empor. Wieder schürzte schnell der Bauer die Kette um die Eiche, und es gelang dem Wod nicht. »Hast doch die Kette um die Eiche geschlungen!« sprach der niederstürzende Wod. »Nein«, erwiederte der Bauer, der sie wieder schon in den Händen hielt, »sieh, so halt ich sie in meinen Händen.« »Und wärst du schwerer als Blei, so musst du hinauf zu mir in die Wolken.« Blitzschnell ritt er aufwärts, aber der Bauer half sich auf die alte Weise. Die Hunde bollen, die Wagen rollten, die Rosse wieherten dort oben, die Eiche krachte an den Wurzeln und schien sich zu drehen. Dem Bauer bangte, aber die Eiche stand. »Hast brav gezogen,« sprach der Jäger, »mein wurden schon viele Männer, du bist der erste, der mir widerstand! Ich werde dir's lohnen!« Laut ging die Jagd an: Hallo! Hallo! Wol! Wol! Der Bauer schlich seines Weges, da stürzt aus ungesehenen Höhen ein Hirsch ächzend vor ihm hin, und Wod ist da, springt vom weissen Rosse und zerlegt das Wild. »Blut sollst du haben und ein Hintertheil dazu!« »Herr«, sagt der Bauer, »dein Knecht hat nicht Eimer noch Topf.« »Zieh den Stiefel aus!« ruft Wod. Er that's. »Nun wandere mit Blut und Fleisch zu Weib und Kind.« Die Angst erleichterte anfangs die Last, aber allmählich ward sie schwerer und schwerer, kaum vermochte er sie zu tragen. Mit krummem Rücken, von Schweisse triefend, erreichte er endlich seine Hütte und siehe (₁₅) da, der Stiefel war voll Gold, und das Hinterstück ein lederner Beutel voll Silber.« Die Sage klingt alterthümlich und grossartig. Schon die Kette, an welcher der Gott seine Kraft den Bauer versuchen heisst, erinnert an die Stelle im Homer, wo Zeus alle Götter und Göttinnen, um seine Macht zu erproben, an einer Kette anfassen heisst und versuchen, ob sie ihn herabzögen; ihm würde es ein Leichtes sein, sie mit Erde und Meer in die Höh' zu ziehen und die Kette dann um des Olympos Gipfel zu schlingen, dass Alles in der Luft schwebe.[1]) Unsere Sage ist aber noch characteristischer durch den natürlichen Hintergrund, welchen sie bietet. Es ist deutlich der hoch oben in den Wolken dahin fahrende Sturmesgott, der ebenso wie er aus der Höhe herniederstürzt, so auch Alles zu sich hinaufreissen will, dass die Erde wankt, und die Bäume sich in ihren Wurzeln drehen. Furchtbar in der Erscheinung, ist er nur gnädig, weil er einen Ebenbürtigen glaubt gefunden zu haben, denn Stärke achtete die alte Zeit selbst am Gegner. Es ist das aber noch besonders hervorzuheben, dass, während wir bisher nur den Gott gleichsam in den niederen Luft-

---

[1]) Hom. Il. VIII. 20 sqq. [Vergl. Urspr. d. Myth. p. 45.]

schichten sein Wesen treibend, in wilder Jagd einherjagend oder der Windsbraut nacheilend sahen, er durch die ganze Schilderung dieser Sage in die höheren Luftschichten, in die Wolken entrückt wird. Das weisse Ross, was er hier und auch sonst reitet (der nordische Sleipnir, dessen wunderbare Schnelligkeit gefeiert wird), ist darnach wohl nichts anderes als die Wolke selbst, auf der er einherjagt, ähnlich wie es in der Bibel von Gott heisst, »der du dahinfährst auf den Wolken«, und auch sonst bei den an Naturanschauungen reicheren Dichtern die Vorstellung von Wolkenrossen etwas ganz Gewöhnliches ist. Wir gehen aber noch weiter. Wenn es von des Wod Zuge, welcher sich oben in den Wolken fortbewegt, heisst: »die Hunde bollen, die Wagen rollten, die Rosse wieherten,« so ist das nicht bloss, der Sturm, der mit seinen Hunden dahinheult, sondern er ist zum grössern Unwetter angeschwollen, mit einem Wort, der Wod tritt hier in der Erscheinung des Gewitters auf, seine Gestalt geht in die des Gewittergottes über. Der Unterschied ist nur der, dass während sonst Donner und Blitz, für sich bestehend, als persönliche Wesen aufgefasst erscheinen, wie auch noch die Erinnerung an den alten Donar sich in dem ihm geheiligten Donnerstag erhalten hat; hier Donner und Blitz, wie wir gleich sehen werden, nur als mit dem Auftreten des Sturmesgotts verbundene Erscheinungen und somit als Aeusserungen seiner oder der ihn umgebenden Thätigkeit angesehen werden. Während nämlich sonst Wodan dem Zuge auf weissem oder, wie wir gleich hier hinzusetzen können, auch öfters auf schwarzem Wolken-Rosse — nur das weisse ist besonders an seiner Gestalt haften geblieben, — voraneilend erscheint¹), tönt durch das Geheul der Hunde das Rollen der nachfolgenden Wagen, wie auch sonst beim Umzug namentlich der Göttin Wagen erwähnt wird. Ich glaube nicht zu irren, wenn ich schon dies auf das Rollen des Donners beziehe, wie auch sonst die Aehnlichkeit namentlich des fernen, dumpf hinrollenden Donners mit einem auf einem Gewölbe dahin rollenden Wagen eine derartige Anschauung bei Griechen sowohl als Deutschen hervorgerufen hat, dass man ganz gewöhnlich den Donner dem Wagen des Gewittergottes zuschrieb, sich diesen stets in (₁₆) einem solchen dahinfahrend dachte²).

Wenn dies aber nur ein Moment in der das Auftreten des Gottes begleitenden Schilderung ist, welches auf das Gewitter hinzudeuten scheint, so bieten sich in der Natur des Wodan selbst, wie sie uns in den Sagen vorliegt, einige Züge dar, die das Hinübergreifen desselben in den Gewittergott ziemlich ausser Zweifel setzen: est ist zunächst der schon oben erwähnte, auch in Mecklenburg, kurz überall, wo der Wodan oder der wilde Jäger in Norddeutschland auftritt, in derselben Weise hervortretende Glaube, dass der Gott eine Keule

---

¹) Z. B. Harrys bei Grimm, Myth. 1842, p. 881.

²) Grimm, Myth. p. 151. [Ursp. d. Myth. S. 5. 6. 57.] [Den Uebergang der Gestalt des wilden Jägers in das Gewitter bestätigt auch K. Seifart in seinen hildesheimischen Sagen. Göttingen 1854. p. 6 u. 7. „Der wilde Jäger fährt dort in einer glühenden Kutsche. Die Pferde speien Feuer und Flammen und auch der Kutscher ist ein ganz glühender Mann, der links und rechts mit der Peitsche, aus welcher die Funken fliegen, um sich schlägt. Neugierigen, welche aus den Fenstern sehen, schlägt er die Augen aus." Die Peitsche, welche blendet, ist hier nach einer oft wiederkehrenden Vorstellung die Blitzespeitsche, die $\mu\acute{\alpha}\sigma\tau\iota\xi$ z. B., welche der homerische Zeus noch führt.]

herabwerfe und sie mit seinem Nachruf begleite, eine Keule, die meist stinkend, selten nur, wenn der Gott gnädig, in Gold oder, wie in der letzten Sage, in Silber sich wandle. Beides bietet nämlich auffallende Anlehnungspunkte an die den Sturm oft begleitende Erscheinung des Blitzes und Donners. Wenn man nämlich mehr in der Nähe einen Blitz herniederfahren sieht, so sieht es aus, als ende er in einen dicken Tropfen, einen Klumpen, eine Keule. Dazu stimmen nun mannichfache mythische Vorstellungen. Ich will den ähnlichen Ausdruck »Donnerkeil« ganz bei Seite lassen, so schleudert doch der nordische Donnergott Thor im Blitz einen wunderbaren Hammer, den Miölnir, nieder, der von selbst in seine Hand zurückkehrt[1]), und dies findet, wie auch J. Grimm anführt, seine Ergänzung in der noch später auch in Deutschland hervortretenden Vorstellung eines vom Himmel herabgeworfenen Hammers[2]) oder Schlegels[3]) oder

---

[1]) Grimm, Myth. p. 164.

[2]) Ebendaselbst p. 165. Auch den Griechen ist die Vorstellung eines vom Himmel herabgeworfenen Hammers ursprünglich wohl nicht fremd gewesen. So erklärt sich wenigstens das Bild bei Hesiod Theog. V. 724 sqq.:

$$\text{ἐννέα γὰρ νύκτας τε καὶ ἤματα χάλκεος ἄκμων}$$
$$\text{οὐρανόθεν κατιὼν δεκάτῃ ἐς γαῖαν ἵκοιτο·}$$
$$\text{ἐννέα δ' αὖ νύκτας τε καὶ ἤματα χάλκεος ἄκμων}$$
$$\text{ἐκ γαίης κατιὼν δεκάτῃ ἐς Τάρταρ' ἵκοιτο.}$$

Und wenn Zeus bei Homer, wie bekannt, der Here droht, ihr ἄκμονας an die Füsse zu hängen, wenn er sie zur Strafe zwischen Himmel und Erde schweben liesse, so scheint dies auch in denselben Anschauungskreis zu gehören. — Personificirt übrigens, wie „der Hammer" bei den Deutschen (Grimm, Myth. 166), ist Ἄκμων der Vater des Οὐρανός.

[3]) Grimm, Myth. 1844. Nachtrag zu p. 125: „Der vom Himmel geworfene Schlegel wird also nichts als ein Donnerkeil sein."

feurigen Axt¹). Wenn aber Grimm weiter sagt: »Saxo p. 41 stellt den Miölnir als eine **Keule** (clava) ohne Griff dar, was zu der eddischen Erzählung von der Verfertigung des Hammers stimmt, wo ihm als einziges Gebrechen angerechnet wird, dass sein Schaft zu kurz sei, so stellt sich das ganz zu der Vorstellung einer im **Blitz herniederfahrenden Keule**, von der wir geredet²). Diese Keule erscheint dann natürlich ($_{17}$) aus der Hand des jagenden Gottes geschleudert als **Jagdstück**, als **Pferde-, Reh- oder Menschenkeule**, wie sie in der Hand des die Riesen bekämpfenden Thor mehr als **Streithammer** galt. Dazu scheinen auch bestätigend die sie begleitenden nähern Umstände zu stimmen. Der stinkende Geruch nämlich, welcher mit dem Wurf oft verbunden, würde auf den **Schwefelgeruch**, welcher den einschlagenden Blitz begleiten soll, gehen, während der dem Blitz nachhallende **Donner** sich zu dem **nachfolgenden Ruf**

---

¹) Ebendaselbst p. 773.

²) Auch für die anderen oben angeführten Erscheinungen, als ende der Blitz in einen **Klumpen** oder dicken **Tropfen (Knäul)**, finde ich in ähnlicher Weise mythische Belege. Auf Ersteres z. B. beziehe ich den von Grimm, Myth. 1835, Anh. p. XXIV. angeführten Aberglauben, dass die Esthen in älterer Zeit meinten, „Gott werfe den **Wölfen Klumpen aus den Wolken** herab, wenn sie heulten, um ihren Hunger zu beschwichtigen; sie riefen ihn dann nämlich um Nahrung an." Es sind die den **Sturmesgott umheulonden Wölfe**, (die wie die Hunde ja auch den Wodan begleiten,) denen Gott aus den **Wolken** (im Blitz) **Klumpen** zuwirft. — Was aber das Letztere, die Vorstellung der **Blitzknäul**, anbetrifft, so scheint darauf zu gehen, wenn der **Teufel**, der vielfach an die Stelle des alten Donnergotts getreten, sich aus einem Knäul entwickelt, oder nach einer schwedischen Volkssage die Riesen, welche Thor im Gewitter verfolgt, sich in Gestalt eines **Knäuls** oder einer **Kugel** auf die Wiesen herabrollen, um ihm zu entgehen. [vergl. Ursp. d. Myth. S. 49. 136.]

des wilden Jägers stellt, mit dem er seinen Wurf in stereotyper Weise begleitet. Nennt ja doch auch die Bibel den Donner in poetischer Anschauung Gottes Stimme und Gottes Brüllen, wie auch der Graf v. Württemberg, in dessen Liedern oft volksthümliche Naturanschauungen anklingen, ein Lied »Gewitter« überschrieben mit den Worten anfängt:

> Des Himmels Jägerruf erscholl
> In fernen Donnerschlägen u. s. w.

Der Gegensatz endlich, dass sich, was der Wodan im Blitz herabwirft, in Gold oder Silber verwandelt, passt auch dazu, indem, wenn der Gott gnädig ist, der Uebergang des Herabgeworfenen in Gold oder Silber beim Leuchten des Wurfs erklärlich ist. [Alle drei Anschauungen übrigens: den stinkenden Geruch des Blitzes oder sein Erscheinen als goldigen Inhalts, wie anderseits den Donner als hallenden Ruf habe ich in vielen Beispielen deutscher und griechischer Sage inzwischen im Ursp. der Mythol. nachgewiesen, namentlich ist in ersterer Hinsicht characteristisch, wenn der im Gewitter so vielfach auftretende Teufel auch durch Gestank sich bemerkbar macht, wie schon der Ausdruck Teufelsdreck zeigt.] Wenn übrigens eine Sage, welche der höllische Proteus[1]) uns aufbewahrt, einen Studenten, — denn auf einen solchen ist es dort übertragen, — dem der wilde Jäger eine Keule mit dem erwähnten Zuruf herabgeworfen, um seine Vernunft kommen lässt, so kann das nur die aufgestellte Behauptung bestätigen,

---

[1]) Der höllische Proteus oder tausendkünstige Versteller, vermittelst Erzehlungen der vielfältigen Bild-Verwechselungen erscheinender Gespenster u. s. w. Nürnberg 1695.

indem es noch auf die mit dem Blitz verbundene lähmende Kraft geht [1]). Es kann dies Alles freilich nur die Vorstellung und den Glauben, dass der in den Wolken vorüberjagende Gott eine Keule herabwerfe, die meist gewaltigen Gestank mit sich bringe, und dem Wurf noch einen drohenden Nachruf hinzufüge, dass ferner der, welchen es treffe, gelähmt werde, oder im andern Fall der Wurf eigentlich gold- oder silberreich gewesen sei, im Allgemeinen erklären wollen: wie das dann im Einzelnen ausgemalt worden, ist Sache der Phantasie, ist Scenerie, welche sich nach den Beziehungen, in denen man das Ganze fasst, richtet. So hat z. B. der Nachruf: »Hast du mit helfen jagen, sollst du auch mit helfen knagen«, welcher dem zugesandt schien, der dem jagenden Gewittergott nachgebölkt oder »Halb part« gerufen hatte, sein Entstehen zunächst zwar in dem Glauben eines erfolgten Nachrufs überhaupt, die bestimmte Form aber in Beziehung auf den Spötter gefunden, der gleichsam mitzujagen gewagt. Die Vorstellung aber, dass gerade ein Spötter dem Gewitter gegenübertritt und durch den heruntergeschleuderten Blitz oder mit Bezug auf unsere Darstellung durch den mit demselben verbunden gedachten Wurf gestraft wird, findet seine Analogie auch in dem Theil des spätern Volksglaubens, der sich an die christlichen Anschauungen anlehnt, so dass beide Sagen nicht nur in ihrer steten Wiederkehr an den verschiedensten Orten, sondern auch in ihrem Grundgedanken übereinstimmen und sich nur durch die verschiedene An-

---

[1]) [Andere Momente der furchtbaren Wirkung, die Wodan als Gewittergott auf den Menschen ausübt, habe ich Ursp. d. Myth. p. 6 zusammengestellt; vergl. auch weiter unten bei der Hackelberg-Sage.]

schauung, (₁₈) welche in ihnen obwaltet, unterscheiden. Ein Paar Beispiele von letzterem werden genügen, dies zu beweisen. Zu Alt-Barnim bei Wrietzen, heisst es, sassen einmal die Bauern in der Schenke, da erhob sich ein gewaltiges Gewitter, und es donnerte und blitzte fürchterlich. Einer der Bauern aber war ein gar frecher Gesell, der sprach zu den andern: »Ich will einmal hinausgehen und ihm eins schenken, da wird er sich wohl beruhigen!« Sprachs und trat mit dem vollen Glase hinaus vor die Thür, aber kaum hatte er den Fuss hinausgesetzt, so fuhr ein gewaltiger Blitz vom Himmel und schlug ihn, dass er nimmer wieder erwachte. Ein anderer bei Päwesin, wo sie grade während eines Gewitters beim Tanz waren, wollte dem lieben Gott oder Petrus ein Prosit zutrinken. Auch ihn traf eine ähnliche Strafe[1]). Der Gott des christlichen Volksglaubens also erschlägt einfach mit dem Blitz den Spötter, der heidnische wirft eine stinkende Keule demselben herab als Antheil an seiner Jagd, und begleitet den Wurf mit höhnendem Donnerruf, auch lähmt er dabei.

So weit die Mark und Mecklenburg, auf welches letztere wir hernach jedoch noch einmal zurückkommen müssen. In Holstein und Schleswig jagt nun der Wode, Wohljäger, Wau oder Au[2]), auch schlechtweg der wilde Jäger genannt oder an einzelnen Stellen unter historischem Namen König Abel, König Waldemar[3]) oder

---

[1]) Norddeutsche Sagen, S. 123, Nr. 1 und 2.
[2]) „Stufenweise Verderbnisse des Namen des Gottes". S. die oben angeführten Sagen von Müllenhof, Vorrede p. 45 und p. 369 sqq.
[3]) S. die oben aus Müllenhof ang. Stellen.

der bischöfliche Jagdmeister Blohm[1]), welcher bei Lebzeiten die Jagd über Alles liebte. Er jagt auf weissem Pferde unter Jagdgeschrei, Peitschenknall und Pferdegewieher. Hallo! Hallo! Hop! Hop! ist sein Jagdruf. Es ist der Sturmesgott, wenn es von seinem Zuge heisst: »wo er entlang zieht, da stürzen die Zäune krachend zusammen, und der Weg ebnet sich ihm.« Mit dem Gewitter erscheint er in Verbindung, wenn er bei Meinsdorf einem Bauer, der mit eingestimmt in das Jagdgeschrei, eine Pferdekeule mit den Worten herunterwirft: »Hest du mit jaegt, schast du oek mit fräten«; nur selten wandelt sich die so gebotene Gabe in Gold, meist ist es stinkend wie Aas. Aber ein neuer Bezug tritt hervor. »Unter furchtborem Rametern«, heisst es, »keem Künig Abel[2]) dahäer mit syne Jagd. Tein Hunde harr he by sik, ganz witte, de harrn fürige Tungen uet den Hals hengen«; Dampf und Feuer speien sie aus. Auch die Hunde des wilden Jägers im Sundewittschen haben feurige Augen und Zungen. — Bei dem Anschauungskreise, in welchen diese Sagen nach den oben gewonnenen Grundlagen übergehen, glaube ich nicht zu fehlen, wenn ich die feurigen Zungen der Hunde, welche den Wodan im Unwetter umheulen, in Beziehung bringe zu den züngelnden Blitzen; wie nämlich die Erscheinung selbst sich darnach modificirt, so nüancirt sich auch vielfach die Anschauung. [Ebenso wie die göttlichen Wesen aus dem Sturmesgebraus in das Gewitter übergehen, werden auch die heulenden, gefrässigen Sturmeshunde mit der feurigen Erscheinung des Gewitters

---

[1]) S. Müllenhof, p. 371. [2]) S. Ebendaselbst, p. 361.

ausgestattet. Diese ganze entwickelte Vorstellung des Hundes in den Mythen hat übrigens inzwischen Mannhardt (German. Mythenforsch. 1858. p. 217 f.) weiter verfolgt und namentlich auch für die nordische Mythologie durch ein Volksräthsel bestätigt, welches den Wind als einen Hund darstellt, der auf der Wolke steht und in den Himmel hinaus bellt.]

Kehren wir aber noch einmal nach Mecklenburg zurück, woran sich auch im Folgenden die Priegnitz und der nördliche Theil der Altmark schliesst, so begegnen wir also dort noch neben dem schon Erwähnten dem nächtlichen Umzuge der Frau Gauden, Gode u. s. w.[1]). »Es war einmal«, heisst es, »eine reiche vornehme Frau, die hiess Frû Gauden; so (!•) heftig liebte sie die Jagd, dass sie das sündliche Wort sprach: »dürfe sie immerfort jagen, wolle sie nie zum Himmel ein.« Frau Gauden hatte 24 Töchter, die gleiches Verlangen trugen. Als nun einmal Mutter und Töchter in wilder Freude durch Wälder und Felder jagten, und wieder das ruchlose Wort: »die Jagd ist besser als der Himmel!« von ihren Lippen erscholl, siehe, da wandeln sich plötzlich vor den Augen der Mutter die Kleider der Töchter in Zotten, die Arme in Beine, und vier und zwanzig Hündinnen umklaffen den Jagdwagen der Mutter, vier übernehmen den Dienst der Rosse, die übrigen umkreisen den Wagen, und fort geht der wilde Zug zu den Wolken hinauf, um dort zwischen Himmel und Erde, wie sie gewünscht hatten, unaufhörlich zu jagen, von einem

---

[1]) Die Belegstellen hierzu, wie zu den folgenden Sagen sind oben p. 17 angegeben.

Tage zum andern, von einem Jahr zum andern. Längst schon sind sie des wilden Treibens überdrüssig und beklagen den frevelhaften Wunsch, aber sie müssen die Folgen ihrer Schuld tragen, bis die Stunde ihrer **Erlösung** kommt. Noch immer aber jagt sie mit ihren **kleinen Hunden** und Mancher hat sie gehört.« Ich habe diese Sage ausführlich wiedergegeben, einmal zur Vergleichung mit der oben angeführten märkischen Sage von der Windsbraut, dann auch weil sie trotz der Aehnlichkeit durch das ihr Eigenthümliche, im Zusammenhang mit den übrigen Sagen von Frau Gauden, es wahrscheinlich macht, dass auch in Mecklenburg neben dem männlichen umziehenden Gott, ebenso wie in der Uckermark die Frick, so auch hier eine weibliche Gottheit gestanden habe, wenn auch der Name Fru Gode oder Gauden selbst nur als ein Missverständniss und demnächstige Uebertragung aus **Frô Gwode**, d. h. **Herr Wodan** anzusehen sein sollte. Es heisst nämlich, was für die Meinung besonders spricht, in dem angrenzenden Theil der Altmark der Büschel Roggen, der noch heut zu Tage auf dem Acker stehen bleibt, **Vergodendeel**, d. h. **Frô Goden Deel**, das für den **Frô Gwodan** bestimmte Theil, denn Ver ist gewöhnliche Abkürzung für das alte Frô, »Herr«, das dem weiblichen »Frau« gegenüberstand, aber im Lauf der Zeiten verloren gegangen ist[1]. — Wenn aber im Uebrigen die Sagen, welche noch von der Frû Gauden oder Gode erzählt werden, den bisher vom Wodan und der Frigg erwähnten sich anschliessen, sie z. B. dem, welcher ihr

---

[1] Siehe Märkische Sagen, p. VI. sq. und 337 sq., vergl. Norddeutsche Sagen, Anm. zu Gebr. 174—178. Grimm, Myth. p. 142 Anm. und 232. Die Form Gwodan ist schon oben p. 15 Anm. erwähnt.

nachjucht, ein Bein herunterwirft und ruft: »Heste met jûcht, müste ôk met frêten«, so ist es doch noch ein öfter wiederkehrender neuer Zug, der unsere Aufmerksamkeit in Anspruch nimmt. Wie in den märkischen Sagen der wilde Jäger sowohl, als das Weib, was er verfolgt, also die Windsbraut, nicht leicht über den Kreuzweg können, so sind diese auch der Frû Gauden, — wir behalten den Namen bei, — ein Stein des Anstosses, und so oft sie sich auf einen solchen verirrt, **zerbricht sie etwas an ihrem Wagen**, das sie selbst nicht wiederherzustellen vermag. In solcher Verlegenheit kam sie einmal, als stattliche Frau gekleidet, einem Knechte zu Boek vor sein Bett, weckte ihn auf und bat ihn flehentlich um Hilfe in ihrer Noth. Der Knecht liess sich erbitten, folgte ihr zum Kreuzwege und fand da, **dass das Rad von ihrem Wagen abgelaufen war**. Wie Frau Gauden ihn beschenkte, als er ihr geholfen, so beschenkte sie ein andermal einen Mann zu Conow, der eine **Deichsel** an ihren Wagen setzte, und noch ein andermal eine Frau zu Göhren, die ihr den **hölzernen** ([20]) **Stecken** in die Deichsel schnitt, über welchem die Wage hängt. Beide erhielten für ihre Mühe, dass die von der Deichsel und dem Wagenhalter abgefallenen **Spähne** sich in schieres, prächtiges Gold verwandelten. Aehnliches wird in der Priegnitz von Frau Gode berichtet, und auch im mittleren Deutschland kehrt bei den **Waldweibchen**, welche, wie schon oben angedeutet, in denselben Sagenkreis gehören, der Zug wieder, **dass ihnen etwas an ihrem Schubkarren zerbricht und sie um Ausbesserung des Rades bitten** [1]).

---

[1]) Grimm, Myth. p. 452.

Halten wir den diesen Sagen zu Grunde liegenden Glauben und die Anschauung fest, — und um Erklärung beider handelt es sich ja nur wieder, — so zerbricht der dahinziehenden Göttin etwas, wie z. B. ein Rad, an ihrem Wagen, sie muss daran arbeiten lassen, ehe sie weiter kann, und die Spähne, die dabei abfliegen, werden zu Gold. Wenn die herunterfahrende Keule, die der Gott oder die Göttin entsendet und mit ihrem hallenden Nachruf begleitet, eine Auffassung des einschlagenden Blitzes zeigte, die feurigen Zungen der im Sturm dahinheulenden Hunde auf den züngelnden Blitz, der den dunklen Wolkenzug durchbricht, gingen: so drängt uns die eben angeführte Vorstellung in denselben Naturkreis, denn, wie vorhin schon angeführt, so mannichfach die Naturerscheinung, so mannichfach auch die daraus entstandene Vorstellung und der damit verbundene Glaube. Ist es nämlich ein starkes Gewitter, so sagt man noch heut im Dithmarsischen: »Nu faert de Olde all wedder da bawen unn haut mit sen Ex anne Räd. Denn aus den Funken, die dann herausfliegen, entsteht der Blitz.«[1]) Ueberträgt man dies auf die Frau Gode, deren Natur schon oben als auch im Gewitter sich bewegend nachgewiesen, so gruppirt sich Alles zu derselben Anschauung. Auch sie fährt, wenn der Sturm heult, in den Wolken einher unter dem Geheul der sie umgebenden Hunde, und wenn der Donner kracht, dann zerbricht etwas an ihrem Wagen, oder sie lässt, wenn des Blitzes Funken sprühen, auf ihrem Wege

---

[1]) Müllenhof, p. 358.

irgendwie aufgehalten, an ihrem Wagen (Knecht oder Frau, die sind nur Staffage) arbeiten, dass die Spähne davon fliegen, die sich dann auch nachher, wie öfter die Donnerkeule, welche die Götter im Blitz herabschleudern, wenn sie gnädig sind, in Gold verwandeln. Erst wenn dies geschehen, die Blitze nicht mehr sprühen, zieht die Göttin weiter, der Gewitterwolken dahintobender Zug vorüber.

[Diese aus den Sagen der Mark und Mecklenburgs über die wilde Jagd gewonnenen Resultate haben im Einzelnen noch an Bestätigung und Ausführung gewonnen durch Verschiedenes, was inzwischen theils durch Niederhöffers Sammlung Mecklenburgischer Sagen, die allerdings in wissenschaftlicher Beziehung mit Vorsicht gebraucht sein wollen, bekannt geworden ist, theils mir selbst mitgetheilt wurde. Characteristisch ist namentlich eine mir aus der Gegend von Fürstenberg in Mecklenburg erzählte Sage, welche sowohl neue Naturanschauungen zu den bisher gewonnenen hinzubringt, als auch den wilden Jäger ausdrücklich noch besonders als Donnergott aufweist, was er freilich auch schon in der Sage war, in der er seinen Blitzwurf mit hallendem Donnerruf begleitete. »Mein Grossvater,« so berichtete mein Gewährsmann, ein ehrlicher Mecklenburger, »hat mal die wilde Jagd gesehen. Er war über Land gewesen, und wie er zurückkam, setzte er sich, müde, wie er war, unterwegs auf einen Baumstamm, um sich etwas auszuruhen. Wie er so da sass, die Beine über Kreuz geschlagen, — die Scenerie ist hier zu Ende, welche der Grossvater natürlich nicht selbst erlebt, sondern von seinem Grossvater und der wieder von dem seinigen u. s. f. nur so überkommen und immer weiter überliefert hatte, — also wie er so da sass, die Beine über Kreuz geschlagen, kam ein ganz kleines Männchen zu laufen, das huschte ihm unter die Beine. Während er noch so dachte, was das wohl zu bedeuten habe, kam der wilde Jäger dahergejagt, ein gewaltiger Riese hoch zu Ross. Der hielt vor ihm und rief ihm zu: »Stoss es von dir.« Der Alte sass ganz ruhig, auch als er es zum zweiten Male rief, wie er es aber zum dritten Male schrie, da wurde ihm ganz angst zu Muthe, und er that es. Da sah er, wie das Männchen einen Berg hinauflief, so schnell, wie eine Kugel läuft, und hinter ihm her jagte die wilde Jagd und das war ein Geschiesse und ein Bellen der Hunde, das war furchtbar. Und nicht lange dauerte es, da kam der wilde Jäger zurück; der hatte zwei mit den Haaren zusammengebunden vorn kreuzweis über dem Pferde zu liegen. Der Bauer aber ging still nach Hause.«

Die dieser Sage zu Grunde liegenden Naturanschauungen ergeben sich nach den von mir im Urspr. d. M. inzwischen entwickelten mythischen Vorstellungen ziemlich von selbst. Das Ganze ist gleichsam eine Variation des das. p. 136 behandelten nordischen Mythos vom Thor, demzufolge die von ihm im Gewitter verfolgten Riesen aus Furcht vor seinem Hammerwurf unter mancherlei Gestalten meist als Knäuel oder Kugel von den Bergen sich auf die Wiesen rollen und Schutz bei den Mähdern suchen; welche dann, der Gefahr wohl kundig, (denn wo der Gott die Verfolgten ereilt, erfolgt der Wetterstrahl,) ihre Sicheln vorhalten, wobei diese oft durch den herniederfahrenden Strahl zersplitterten, und die Riesen mit nachhallendem Gesaus in den Berg zurückfuhren. Aus anderen Parallelen habe ich a. a. O. dargethan, dass diese Sage im Gewitter spielt, dass die Berge die Wolkenberge sind, an welchen sich in dem oft in einem Knäuel oder in einer Kugel endenden Blitz die verfolgten Gewitterwesen hinabzurollen schienen, dass der Regenbogen endlich mit der Anschauung einer Sichel einen (himmlischen) Mähder in die Scenerie hineinspielen und ihn die Rolle eines Schützers des verfolgten Wesens spielen liess. Aehnlich ist also unsere Sage, nur dass statt des Gewitterriesen, der in der grossen Gewitterwolke steckt, die wir auch wohl noch einen grossen Mummelack nennen, zunächst hier ein ganz kleines Männchen, offenbar ein Zwerg auftritt. Die Vorstellung eines oder mehrerer Zwerge habe ich aber auch schon Ursp. p. 344 ff. in den verschiedensten Mythen als aus demselben Naturkreis entstanden nachgewiesen, indem bald in der kleinen, auch häufig der Gewitterjagd vorangehenden Wolke ein kleines Wesen ihr voranziehend gedacht wurde, bald in den Blitzen dieser eine oder mehrere solcher kleiner himmlischen Geister hin- und her zu eilen schienen. Wie der so häufig im Gewitter auftretende Teufel demgemäss de lütche Ole, das Graumännle heisst, der treue Eckart der wilden Jagd voranzieht, der Kobold, der kleine rothe Junge sich in Blitz und Donner als Feuer- und Poltergeist ursprünglich des himmlischen Haushalts bekundet und sich so ganz zu dem esthnischen kupfernen Gewitterzwerg stellt, Zwerge endlich im Gewitter nach nordischer Mythe der Freyja ihr Regenbogenhalsband schmieden u. dergl. mehr: so wird also in unserer Sage ein solches **Blitzkerlchen vom wilden Jäger gehetzt, rollt sich wie die nordischen Riesen als eine Kugel den Wolkenberg hinan**, um seinem Verfolger zu entlaufen. Der ihm nachfolgt, ist aber entschieden der Donner, führt doch auch Mannhardt Germ. M. p. 2 aus Agricola's Sprüchwörtern eine Redensart für den Blitz an, welche schlagend für unsere Anschauung passt, nämlich den Ausdruck »das Blaue, das vor dem Donner herläuft.« — Wenn statt der Regenbogensichel, welche ein Mähder dem Thor zum Schutz des flüchtenden Riesen entgegenzuhalten schien, das hülfreiche Wesen, d. h. hier der Bauer, seine **Beine kreuzt und dies den Donnergott aufhält und abhält**, so bringt dies nur ein neues Element in die Sage. Es stellt sich zu dem **Kreuzwege**, über den nach der oben erwähnten Sage von der Verfolgung eines Weibes der wilde Jäger **nicht konnte**, wie überhaupt auch nach griechischer Sage die Geister sich an Kreuzwegen aufhalten. Ich beziehe es auf heftige sich **kreuzende Blitze**, welche momentan der Gewitterjagd gleichsam **Stillstand** zu gebieten schienen und welche in der einen Sage also, wie sonst auch häufig, als himmlischer **Kreuzweg**, in der anderen als ein **von irgend einem himmlischen Wesen ausgehendes Kreuz** gefasst wurden, eine Anschauung, die überhaupt dann auch das Kreuz an und für sich schon bei den verschiedenen heidnischen Völkern hat eine Rolle spielen lassen, wie ich demnächst ausführlicher in einem Buche über die Naturanschauungen der Griechen, Römer und Deutschen begründen werde. —

Zu diesem übereinstimmenden Zuge unserer und der

Windsbrautsage stellt sich auch noch ferner, wenn in beiden das Moment wiederkehrt, »dass der wilde Jäger zurückkehrt,« es ist die mythische Auffassung dessen, was wir noch heut zu Tage ebenso bezeichnen, indem wir sagen »das Gewitter kommt zurück.« Die kreuzweise zusammengebundenen Haare endlich des quer über dem Wolkenross liegenden Jagdstücks haben auch ihr Analogon in der von mir Ursp. p. 252 nachgewiesenen Anschauung der Blitze als die Strehnen verfilzter Haare; man muss sich nur dabei das Bild in's Grandioseste ausgeführt denken, dass es den ganzen Himmel ausfüllt. — Auch dass in der Windsbrautsage das weibliche Wesen bei der Verfolgung immer kleiner wurde, klingt noch an unser verfolgtes Blitzkerlchen an und macht es wahrscheinlich, was auch an und für sich schon natürlich ist, dass auch jener Mythos schon in die Himmelserscheinungen überspielt, und dass jenes Weib auch schon, wenn es von ihr hiess, dass sie immer kleiner wurde, in dem dahinlaufenden, zuletzt gleichsam ganz verschwindenden Blitz überzugehen schien; gerade wie auch sonst in den leuchtenden Blitzesspuren die glänzenden Fussspuren himmlischer Wolkenwesen gefunden wurden, oder anderseits die griechischen Wolkengöttinnen, wenn Zeus oder ein anderes göttliches Wesen sie im Gewitter verfolgt, sich in alle die verschiedenen Gewitterelemente, die man annahm, in Feuer, Wasser, die Blitzesschlange u. s. w. zu wandeln schienen. (Vergl. Ursp. der M. p. 216 ff. 123.)

Diese letztere Annahme bestätigen nun auch ein Paar bei Niederhöffer sich vorfindende Mecklenburgische

Sagen, in denen die vom wilden Jäger verfolgten weiblichen Wesen z. B. als witte Frauen, d. h. direct schon als Wolkengöttinnen, die der Sturm vor sich herjagt, auftreten oder überhaupt in einer Ausstattung erscheinen, welche sie in der verschiedensten Weise der gewonnenen himmlischen Scenerie zuweist. So jagt also nach Bd. III. 190 ff. z. B. Frau Wauer in der Nähe von Criwitz die weissen Weiber, ein deutlicher Hinweis nebenbei, dass Frau Wauer ebenso, wie auch der Name der Frau Göde, ursprünglich ein männliches Wesen bezeichnet habe, indem hier sogar mit dem Namen auch eine Sage auf das weibliche Wesen übergegangen ist, welche sonst von dem männlichen allein berichtet wurde und da auch erst ihre volle Bedeutung hat. Ihre Hunde dringen bei dieser Gelegenheit einmal in Sukow durch die offene Thür in die Backkammer und fressen den Teig auf, gerade wie der alten Frigg ihre Hunde sich über das Mehl hermachten. Kehrt Frau Wauer dann zurück, so hat sie das weisse Weib als Jagdbeute vor sich auf dem Pferde oder, wie in der vorhin erwähnten Zwergsage es ähnlich auftrat, die beiden weissen Weiber mit ihren Haaren zusammengeknüpft vor sich über dem Pferde zu hängen.« Dabei gehen die weissen Weiber anderseits dann noch ausdrücklich wieder in den Character der Untererdschen oder Nixen über, leihen sich das Backgeräth der Menschen, stehlen die neugeborenen Kinder, schieben ihre Wechselbälge unter, bewähren sich also, wovon nachher noch besonders die Rede sein wird, auch in dieser Hinsicht als im Gewitter ihre Rolle spielende Wesen.

Ebenso jagt auch im Lande Stargard der wilde

Jäger, welchen Niederhöffer III. 92 ff. dort den **Jenner** oder **Jenn** nennt,[1]) eine **Wetterhexe mit rothen Augen und fliegenden Haaren**, wie solche gerade das Gewitter in den Blitzen ausgestattet erscheinen lässt, da — wie ich in meinem neuen Buche über die Naturanschauungen der Griechen u. s. w. weiter noch begründen werde — nicht bloss die **Blitze als fliegende Haare** sondern auch als die **Strahlenblitze rother Augen** erschienen[2]). Als der Jenner zurückkommt, hat er sie **vorn auf seinem Pferde zu liegen, arg zugerichtet und von seinen Hunden zerrissen, dass das schwarze Blut aus der Wunde strömt**; ebenfalls in anderen Mythen hervortretende Gewitterbilder, die nur hier in roher Form uns entgegentreten, während sie in anderen Mythologien durch die in ihnen auftretenden Götter einen grossartigern Character angenommen haben, wie z. B. zu dem Letzteren sich das Zerrissenwerden des Pentheus von der wilden Jagd der Bacchantinnen oder des Dionysos von den Titanen ursprünglich sowohl in Bezug auf das Naturobject als auch die Anschauung als identisch stellt, Alles nämlich auf das im Gewitter zerrissene Wolkenwesen geht.]

---

[1]) Was bedeutet der Name? Eine allseitige Fixirung desselben wäre wünschenswerth; auch uns erschien der Name Fui zuerst bedeutungslos, bis sich mit Fuik und den folgenden Ergebnissen das bedeutende Resultat der Frick für die Uckermark herausstellte. S. Nordd. S. p. XVII.

[2]) Analoges habe ich schon beigebracht Ursp. d. Myth. p. 226, 212, 269, vergl. Kuhn, Herabkunft des Feuers und Göttertrankes bei den Indogermanen, p. 29. Die Vorstellung speciell des Blitzes als das Leuchten eines rothen Auges hat u. A. Tieck in seinem Gedicht „die Luft" reproducirt, wenn er sagt: „Wenn die Wolken flatternd jagen, — Nieder der Blitz sich reisst, — Und sein **rothes Auge**, glühend — Durch die schwarze Wüste ziehend — Das Innere der flammenden Welt uns weist."

Hackelberg's Jagd.

Wir haben bis jetzt die Sagen von der wilden Jagd in den östlichen Landschaften diesseits der Elbe verfolgt; sie zeigten uns den männlichen Gott sowohl, als die Göttin im Sturm, im Tosen des Unwetters ihr Wesen treibend. Gehen wir jetzt über die Elbe, so tritt uns der männliche Gott in neuen, aber ähnlichen, auf denselben Naturanschauungen beruhenden Vorstellungen entgegen. Es ist das bemerkenswerth, da auch nachher im Cultus dieser landschaftliche Unterschied sich geltend machen wird, und grade das Zurücktreten der weiblichen Gottheit hier, das Hervortreten derselben hingegen im Osten mit einer berühmten Stelle des Tacitus über den alten deutschen Götterglauben in diesem Theile Deutschlands übereinstimmt[1]). Wenn man zunächst nur auf die allgemeinen, überall wiederkehrenden Sagen sieht, so sagt man also in dem südlichen Theil der Altmark, so wie im Hannöverschen Lande der Helljäger jage[2]). So jagt er z. B. unweit Klötze im Hellgrund, oder wie der Ausdruck ($_{21}$) ist, »da tüüt hee.« Wenn er so angejagt kommt, hört man das laute Ho! Ho! seiner Gefährten, und darunter klingt das Giff, Gaff der Hunde. Einem Paar Pferdejungen, die ihm im Uebermuth nachgebölckt, hat er eine Pferdekeule heruntergeworfen. »Ebenso erging es den Knechten in einem Hildesheimschen Dorfe, denen warf der Helljäger auch etwas herunter und rief: »Wil ji mit jagen, so könn ji ok mit knagen,« und den

---

[1]) Tacitus Germania, c. 40., wo er von der Verehrung einer „Terra mater" und deren jährlichem Umzuge meldet. [2]) Norddeutsche Sagen, S. 150 und 310, Nr. 1—4. Märkische Sagen, S. 23.

andern Tag, als sie zusahen, war es ein Pferdeschinken¹).« Auch jenseits der Weser in Moorhausen bei Oldenburg wird Aehnliches erzählt, doch hört hier in dieser Gegend der Glaube an einen wilden Jäger fast ganz auf,²) was wohl hauptsächlich dem Mangel an Wald dort zuzuschreiben ist, denn Oldenburg hat so wenig Buschwerk, dass man von dem etwas grössern Busch, dem grossen und kleinen Wildeloh, erzählt, der Teufel hätte ihn dort fallen lassen, als er einst die Stadt Oldenburg hätte damit zudecken wollen³). Und nur wo Wald ist, hat die Sage vom wilden Jäger mehr gehaftet! — Während aber der Name des Helljäger auf diese Weise zwar noch weit verbreitet ist, doch eben nicht bedeutende Sagen sich an ihn knüpfen,⁴) wird der Hackelberg, welchen man im Oberharz, Göttingschen und Braunschweigschen kennt, mit dem, was an ihm haftet, für uns ergiebiger werden. Dort heisst es nämlich, der Hakkelberg, Hackelblock, Hackelbernd, Hackelbärend, — in diesen verschiedenen Formen findet sich der Name, — jage mit seinen Hunden⁵). Es soll ein Oberjägermeister gewesen sein, der die Jagd über Alles geliebt. Am Harz, am Hakel, auf dem Sölling, da hat er besonders gejagt und hat stets einen Schimmel geritten und zwar das wildeste Thier, das irgend aufzutreiben war. In Molmerschwende, im Klipperkrug bei Braunschweig, auf dem

---

¹) Bei Grimm, Mythol. 1844, p. 883. ²) Mit Ausnahme der einzelnen Spuren, welche sich noch, wie oben schon erwähnt, im Saterlande finden. ³) Norddeutsche Sagen, S. 326. ⁴) Nur eine erscheint wichtig, die vom Hellhaus; sie behandelt Kuhn in Haupt's Deutscher Zeitschrift. VI. p. 117 und vergleicht sie mit ähnlichen indischen Sagen. [Ich habe über dieselbe gesprochen Ursp. d. Myth. p. 182.] ⁵) Die Belegestellen zum Folgenden siehe oben, p. 8, Anm. 2.

Sölling soll er begraben sein. »Mal träumte ihm nämlich,« erzählt man am Sölling, »er würde durch einen wilden Kempen (Eber) seinen Tod finden. Da nun des andern Tages eine grosse Jagd angesagt war, bat ihn seine Frau flehentlich, er möge doch nicht mit ausziehen, und das that er denn auch. Als aber die Jäger Abends nach Hause kamen, hatten sie einen grossen Eber geschossen, und wie der so auf der Diele liegt, tritt der Hackelberg heran und sagt: »Na, nun wirst du mir auch nichts mehr thun!« und dabei fasst er dem Thier mit dem Finger in den Rüssel und hebt den Kopf in die Höhe; der gleitet ihm aber aus der Hand, und der eine Hauer fährt ihm in's Bein. Hackelberg achtete die Wunde nicht weiter, aber sie wurde so schlimm, dass der kalte Brand hinzutrat, und er daran starb. Vor seinem Tode hat er aber noch bestimmt, man solle ihn, ungewaschen, wie er sei, in einen Sarg legen, und ihn da bestatten, wo ihn sein Schimmel hin ziehen würde. Als es nun aber zur Bestattung kam, wollte man ihn dessenungeachtet nach Stolzenhagen bringen, wo früher die Einwohner von Neuhaus begraben wurden, aber vier Pferde, welche man vorspannte, brachten ihn nicht von der Stelle. Da wurde denn endlich, wie er es befohlen hatte, sein Schimmel vor den Wagen geschirrt, und der ging sogleich mit ihm den Mossberg hinauf und stand erst auf der obersten Spitze still. An ($_{22}$) dieser Stelle hat man ihn denn begraben, aber dessenungeachtet weiss heut zu Tage kein Mensch das Grab zu finden, und nur zufällig trifft einer hin und wieder im Walde auf dasselbe; hat es aber auch einer so gefunden, und merkt sich die Stelle auch noch so genau, nachher findet er sie doch nicht wieder.« So berichtet man am Sölling. Nach anderen Sagen geht Hackelberg mit auf die Jagd und trifft hier das Thier, welches er im Traume gesehen, und erlegt es nach hartem Kampfe. Aber in der Siegesfreude stösst er mit dem Fuss nach dem Eber und ruft: »Hau nun, wenn du kannst.« Doch so heftig hat er gestossen, dass des Ebers scharfer Zahn durch den Stiefel dringt, und dies wird dann sein Tod. Seit der Zeit nun, heisst es, jagt Hackelberg, gefolgt von vielen kleinen Hunden, oder wie Andere sagen, mit zwei grossen Leithunden, die er an langen Riemen führe, und zwar fügt man hinzu, hat er sich dazu verwünscht; er habe nämlich gewünscht, für sein Theil Seligkeit ewig jagen zu dürfen. Nach Otmars Volkssagen fliegt ihm eine Nachteule voraus, die »Tut Osel« (Tut-Ursel) genannt. Wanderer, denen er aufstösst, werfen sich still auf den Bauch und lassen ihn vorüberziehen, sie hören Hundegebell und den Weidruf »Huhu;« ruft einer ihm nach, wirft's ihm eine Keule herab. Tutosel aber soll eine Nonne gewesen sein, die sich nach ihrem Tode dem Hackelberg gesellte, und ihr »Uhu« mit seinem »Huhu« vermischte[1]). Kuhn und ich haben von letzterem auf unsern Wanderungen nichts gehört, nur Herr Oberlehrer Hüser (in Cöslin), der aus Ilseburg gebürtig, erzählte mir mal, wie er sich aus seiner Jugend erinnere, dass man den ewigen Jäger im Spätherbst oft habe jagen hören wollen, und dann gesagt habe: »Da zieht Hackelberg und Ursula[2]).« Dass die Ursula mit ihm zieht, erinnert an die oben besprochenen Sagen von weiblichen

---

[1]) Grimm, a. a. O. [2]) [Bestätigt u. A. durch Pröhle, Harzsagen 1854 p. 10.]

Wesen, die neben dem männlichen auftreten, doch möchte wohl hier ein grösseres Gewicht auf das Thier, das im Zuge des Gottes erscheint, zu legen sein, wie man auch sonst noch heut zu Tage den Lärm der sogenannten wilden Jagd aus dem Geschrei der Eulen und ähnlicher Vögel erklärt, und die Eule auch im Gefolge der griechischen Athene auftritt, die, wie bei anderer Gelegenheit nachgewiesen werden soll, viel Verwandtes mit den Wesen, die wir hier behandeln, hat[1]). Für uns wird aber besonders die Sage von der Eberjagd und dem Tode des Hackelberend durch einen Eber wichtig, und es sind nicht bloss diese Gegenden, welche uns überall dieselbe Sage in ähnlicher Form bieten, sondern auch in der Mark, in der Grimnitzer Forst bei Joachimsthal und in Köpnick kehrt sie wieder, und zwar ohne bestimmten Bezug auf den wilden Jäger, doch so, dass man es offenbar für dieselbe Sage erkennt, die sich nur losgelöst hat aus dem Kreise, wo sie eigentlich hingehört, und nun noch mehr historischen Anstrich gewonnen. In der Grimnitzer Forst liegt nämlich nicht weit von dem alten Jagdschloss in der Heide ein Platz, der heisst »Bärens Kirchhof« und soll seinen Namen von einem Förster »Bärens« haben, der dort begraben liegt. »Es sollte einmal,« wird erzählt, »in der Grimnitzer Forst eine grosse Schweinsjagd gehalten werden, und der damalige Heidereuter, Namens Bärens, begab sich deshalb drei Tage vorher an den Ort, den der Kurfürst hatte umstellen lassen, um die Schweine zu körnen und zu beobachten. Wie er sich nun hier be-

---

[1]) [Ueber die mythologische Bedeutung der Eule als Gewittervogel s. Urep. d. M. p. 204. 212. 213.]

fand, hörte er nach 12 Uhr des Nachts eine Stimme aus einem nahe gelegenen Bruche, welche fragte: »Ist („) der Stumpfschwanz da, der den Förster Bärens zu Tode bringen soll?« Diese Stimme hörte er in der folgenden Nacht wieder, und erzählte Alles dem Kurfürsten, dem er jedoch zu gleicher Zeit seine Vermuthung äusserte, dass es Hofbedienten sein möchten, die ihn furchtsam machen wollten. Der Kurfürst befahl ihm darauf, Niemandem etwas zu sagen, auch die folgende Nacht zu Hause zu bleiben; statt seiner musste aber der Büchsenspänner des Kurfürsten an der gedachten Stelle wachen und die Schweine körnen, und dieser hörte dieselbe Stimme. Am folgenden Tage ging nun die Jagd vor sich, und der Heidereuter musste zu Hause bleiben. Als aber Alles geendigt war, ritt er hinaus und wurde wirklich unter den getödteten Sauen eines Stumpfschwanzes gewahr, den man eben auf einen Wagen zu laden im Begriff war. Da trat er hinzu und sagte: »Du sollst mir das Leben nehmen, und bist eher todt als ich?« hielt auch, als die Bauern beschäftigt waren, die andere Wagenleiter vorzuschieben, das Schwein während der Zeit, damit es nicht herunterfalle, aber weiss der Himmel, wie's kam! der Kopf des Schweins fiel plötzlich herunter und schlitzte dem Heidereuter mit seinem Hauer den Leib auf, so dass er nach wenigen Augenblicken, nachdem er sich noch einige Male vor Schmerz im Kreise herumgeschleppt hatte, seinen Geist aufgab. Darauf hat man ihn denn an dieser Stelle begraben, und an jedem Punkte, wo er im letzten Todeskampfe niedergesunken, einen Stein gesetzt, welche nun einen förmlichen Kreis bilden. Diese Stelle heisst bis auf den heutigen Tag »Bärens Kirchhof«; kein Mensch aber weiss zu sagen, zu welcher Zeit und unter welchem Kurfürsten dieser Bärens gelebt hat[1]).« Man sieht, es ist dieselbe Sage, wie die vom Hackelbärend, nur in die Zeit und in die Scenerie der kurfürstlichen Jagdhaltung hineingerückt. Wenn aber Grimm als die ursprüngliche Form der mannigfachen Variationen Hackelberg, Hackelblock, Hackelbärend, Hackelbernd, die Form »Hackelbärend« hinstellt und diese als einen Beinamen des Wodan deutet, so ist er gewiss auch berechtigt, dann in dem Namen des später von uns aufgefundenen Heidereuter Bärens die zweite Hälfte dieses Namen wiederzufinden[2]). — Aehnlich ist nun auch die Köpnicker Sage; nur wenn die Grimnitzer in dem angeblichen Grabe des Bärens und der eigenthümlichen daran haftenden Erklärung noch vielleicht etwas mehr Alterthümliches und Mythisches bewahrt hat, klingt diese nur noch historischer, was aber um so weniger auffallen kann, wenn man sich erinnert, wie ja auch der alte General Sparr gradezu mit der wilden Jagd zieht, historische Namen sich leicht mit etwas Mythischem verbinden. »Hier träumte nämlich,« heisst es, »einem Junker von Schönfeld, dass er durch einen Kempen seinen Tod finden würde. Auf Befehl des Kurfürsten musste er bei der am andern Tage stattfindenden Jagd zu Hause bleiben. Als aber die Jäger des Abends heimgekehrt, haben sie einen gewaltigen Eber erlegt, in dem der Junker den erkennt, welchen er im Traum gesehen. Wie er zerlegt wird, steht er dabei; da will einer das Thier wenden, und der Kopf gleitet vom Tische

---

[1]) [s. den Anhang am Schluss des Buches.] [2]) Grimm, Myth. 875.

und fährt mit dem Hauer dem Junker so gewaltig in den Fuss, dass er schwer an der Wunde erkrankte und kurze Zeit darauf starb[1].« Also auch hier ein Rest der Hackelbergs Sage, trotz des historischen Namen und der Bildsäule im Schlossgarten zu Köpnick, die einen Mann mit einem Eberkopf in der Hand darstellt; mag auch ein ähnliches Ereigniss diese historische Uebertragung (,,) motivirt haben. Dass aber nicht etwa in der Art, wie in der Köpnicker Sage der Jäger seinen Tod findet, indem der Kopf des schon zerlegten Thieres ihm in den Fuss fährt, etwas Eigenthümliches zu suchen sei, was hier mehr für ein ähnliches, wirklich historisches Ereigniss spreche, das beweist eine ganz ähnliche Version der Hackelberg-Sage, wie sie zu Heteborn erzählt wird, der zufolge auch Hackelberg den Kopf des schon zerlegten Thiers in die Höhe genommen haben sollte, um ihn zu besehen, wo er ihm dann aus der Hand geglitten und in den Fuss gefahren sein sollte[2]. — Ich habe die beiden märkischen Sagen ausführlicher angeführt, nicht weil sie eben viel neues Material für die Sage von Hackelberg brächten, sondern einmal weil in ihnen die Sage auch in unsrer unmittelbarsten Nähe wiederkehrt, und dann weil man an denselben deutlich sieht, wie oft ganz unscheinbare Geschichten sich als einzelne Sagenstücke eines grösseren Mythenkreises bewähren, der sich an anderer Stelle noch lebendiger und vollständiger erhalten hat. Doch zurück zu den Sagen von Hackelberend selber und ihrem Inhalt. Und da ist es denn einmal bemerkenswerth, dass der Eber überhaupt in Verbindung zu dem Gotte tritt, wie

---

[1] Norddeutsche Sagen, S. 83. [2] Ebendaselbst S. 182.

wir auch später sehen werden, dass man in der Uckermark zur Zeit, welche der entsprechenden weiblichen Gottheit, der Frick, geheiligt erscheint, Eber- oder Schweinsköpfe isst; dann aber noch besonders, »dass der Gott nach Schicksalsbestimmung gleichsam, nachdem der gejagte Eber erlegt, durch denselben doch noch seinen eigenen Untergang findet.« Was das Erstere anbetrifft, so spielt der Eber in den niederländischen Sagen, welche Wolf von der wilden Jagd beibringt, wo sie bis in die Ardennen noch hineinreicht, ebenfalls eine Hauptrolle. Eber sind es dort besonders, die der wilde Jäger jagt, und der Holzhacker, dem gestattet war, mal mitzujagen, konnte 14 Tage lang Eberfleisch einsalzen[1]). Was aber das Letztere anbetrifft, den eigenthümlichen, vorher prophezeiten Tod des wilden Jägers durch einen Eber, dem er nicht entgehen kann, und womit der Zustand seiner Verwünschung eintritt, so klingen ein Paar griechische Sagen, mögen sie sich auch reicher entfaltet haben, so wunderbar hier an und geben unserer Sage einen so bedeutsamen Hintergrund, dass sie nicht übergangen werden können, ich meine die Sage von Adonis und die von Meleager[2]). Mit dem göttlichen Jüngling Adonis jagt Aphrodite; vergebens warnt sie ihn vor reissenden Thieren; durch den Zorn der Artemis starb er von einem Eber verwundet. Nach einer andern Sage war es Ares, wieder nach einer andern Apollo, die eines Ebers Gestalt annahmen und mit ihren Hauern den Götterjüngling tödteten, indem der erstere

---

[1]) Wolf, niederländische Sagen, S. 516, vergl. Grimm, Myth. p. 882.
[2]) Die Belegstellen zum Folgenden finden sich beisammen in Jacobi's mythologischem Wörterbuch, 1835, unter Adonis und Meleager.

aus ~~Rache~~ [Eifersucht], der andere aus ~~Eifersucht~~ [Rache] gegen die Aphrodite so gehandelt haben sollte. Wie aber Hackelberends Verwünschung mit seinem Tode beginnt, so wird Adonis auch gleichsam verwünscht, alljährlich sechs Monate in die Unterwelt hinabzusteigen, die andern sechs darf er bei der geliebten Aphrodite weilen. Zur Feier seines Todes und seiner jährlichen Wiederkehr aus dem Schattenreiche wurden zur Zeit des Solstitialfestes am Ende Juni die Adonien begangen. — Auch Meleagers Tod veranlasst mittelbar die zürnende Artemis, sie sendet den Eber, der wie bei Hackelberg, auch nachdem er erlegt, ganz unerwartet noch den Tod des Helden herbeiführt. Er hat nämlich bei der (₂₅) Ernte die Artemis übergangen, da schickt sie einen Eber, der das Land verwüstet, dass die Helden ausziehen ihn zu erlegen. Wie aber mit dem Adonis die Aphrodite, so jagt hier mit dem Meleager die Atalante, wie dort jene die Veranlassung ward zum Tode des Adonis, so wird es hier die Atalante. Denn als Meleager ihr den Kopf und die Haut des erlegten Ebers überreicht, so entspinnt sich darüber ein Kampf, in Folge dessen er, dessen Leben durch einen Feuerbrand, welchen die Mutter verwahrte, gesichert schien, plötzlich stirbt[1]). Wie es aber Artemis war, die wir schon oben mit den jagenden Sturmesgottheiten zusammenstellten, welche den Eber sandte, so ist sie es auch, welche den Scorpion erweckt, durch dessen Stich in die Ferse Orion stirbt, der sonst als der wilde Jäger der Grie-

---

[1]) Wie das Leben des Meleager an den Feuerbrand, so ist in einer nordischen Sage das des Nornengast durch die Schicksalsgöttinnen an eine Kerze geknüpft, welche ebenfalls seine Mutter verwahrt. Grimm, Myth. p. 380.

chen, gleichsam als der letzte Niederschlag dieser Anschauung, erscheint[1]). Wie Adonis trotz aller Warnung seinen Tod doch durch einen Eber findet, und Meleager, nachdem der Eber erlegt, plötzlich dem Schicksal gemäss stirbt, so vereint Hackelberend oder Wodan gleichsam beides in sich; der Tod ist ihm vorher verkündet, schon scheint er ihm entgangen, da stirbt er auf die wunderbarste Weise, nachdem der Eber schon erlegt! Wenn endlich Adonis zur Sommersonnenwende, Meleager nach der Ernte stirbt, so bietet sich auch hier vielleicht mit dem Hackelberend eine Parallele, da er in vielen Sagen besonders regelmässig im Spätherbst und zur Winterzeit jagend auftritt, demnächst dann vielleicht, wovon wir gleich noch genauer reden werden, die Zeit seines Todes, d. h. seiner Verwünschung, einzutreten scheint. — Wie ist aber in userm deutschen Mythos der Eber zu fassen, den der Hackelberg jagt, denn so können wir es wohl namentlich in Rücksicht auf die niederländischen Sagen zunächst allgemein aussprechen; wie ist das zu verstehen, dass man den in Sturm und Gewitter dahinziehenden Gott, — denn als solchen erkannten wir ja den Wodan, — nachdem er den Eber getödtet, noch nachträglich selber durch ihn zu Tode kommend wähnt? Wie uns aber bei der Sage von der Verfolgung eines Weibes der Ausdruck Windsbraut und die dahinschlagenden ähnlichen Vorstellungen leiteten, so werden uns auch hier einige noch im deutschen Volksglauben hervortretende Vorstellungen auf die Anschauungen führen, aus denen auch dieser Mythos hervorgegangen ist. Wenn

---
[1]) Hierauf macht auch Grimm aufmerksam. Myth., p. 901.

aber in den oben angezogenen Sagen Ares oder Apollo selbst als der Eber bezeichnet wurde, der den Adonis tödtete, so kann es uns hier nicht befremden, wenn wir hierbei wieder auf die Erscheinung des Wirbelwindes geführt werden, welche wir oben als »umfahrendes« oder dem Sturmgott »voraneilendes Weib« aufgefasst fanden, und dieselbe Erscheinung jetzt als »Eber« gedacht wiederfinden, der dann mit dem Sturm- und Gewittergott in mannigfache Beziehung tritt. Ich fasse es nämlich nicht, wie Jacob Grimm, Myth. p. 599 (vergl. 262), als blosse höhnende Benennung des Teufels, dem man in späterer christlicher Zeit die Erregung des Wirbelwindes zuschrieb, sondern als altmythische, auf gläubiger Naturanschauung beruhende Vorstellung, wenn man im Havellande dem Küselwinde neben dem »gnädig Herr Deibel« ein »Saudreck« zuruft oder wie Grimm auch noch berichtet ein »Sustert« oder im Saalfeldschen sagt: (₂₆) »Schweinzagel fährt« oder auf der Rhön »Säuzagel fährt.« Wie in allen Mythologien die Naturerscheinungen nicht bloss von menschenähnlichen Wesen, sondern auch von Thieren ausgehend gedacht wurden, — woraus sich auch ursprünglich der Uebergang der Götter in Thiernatur erklärt, — fasste man den Erd' und Staub aufwühlenden, Feld und Wald verheerenden Wirbelwind mit besonderer Anschauung als das Treiben eines gespenstischen »Ebers« auf, wie auch der wetterauische Landmann beim Wallen der Kornähren noch heut zu Tage zu sagen pflegt: »Der Eber geht in's Korn[1].« Dieser Eber ist also das

---

[1] Grimm, Myth. p. 284, [vergl. auch Kuhn's westph. Sagen II.

dem Sturm- und Gewittergott, dem Wodan, Hakkelberend und der Frick, zur Seite stehende Thier, dieser Eber ist es, den der wilde Jäger im Unwetter jagt, wie auch der christliche Aberglaube noch Gott den Teufel, dem man auch die Erregung des Wirbelwindes zuschrieb, im Gewitter verfolgen lässt[1]). Und wenn wir oben bei den feurigen Zungen der hoch in den Wolken im Sturm dahinheulenden Hunde an züngelnde Blitze dachten, so bietet sich uns als willkommene Ergänzung des im ähnlichen Unwetter sein Wesen treibenden und gejagt werdenden Ebers sein leuchtender Zahn, der die Wolken durchfurcht; mit homerischer Redeweise die $\mathring{α}ργῆτες\ \mathring{ο}δόντες$ erinnern an die $\mathring{α}ργῆτες\ κεραυνοί$. Endlich, wenn mit des Ebers Ende dem Gott, der ihn jagt, sein eigenes unabweisbar bevorsteht, so stimmt das ganz zu dem von uns ausgemalten Anschauungskreise; wenn der wüthende Wirbelwind ausgetost, und der leuchtende Hauer, der die Wolken schlitzte, verschwunden ist, naht auch des Gewittergottes Ende selbst[2]).

p. 93.] Die Zerstörungen, welche das wilde Schwein in Feld und Wald anrichtet, erscheinen auch beim calydonischen Eber als die Hauptsache, und Otfried Müller, Dorier. II, Ausg. I, p. 381, sagt, wenn auch nach den Stellen, welche er dort beibringt, etwas kühn, so doch für uns höchst passend: Diese aetolische Artemis (in der calydonischen Sage) ist eine Getreidegöttin, und erscheint daher im Zorn als im Getreide hausender Eber.

[1]) Grimm, Myth. 1835., Abergl. 502.

[2]) [Die hier gegebene Deutung, namentlich eines im Blitz in den Wolken mit seinem weissen Hauer wühlenden Ebers ist aus dem Indischen inzwischen unzweifelhaft gemacht worden durch Kuhn, „Herabkunft des Feuers u. s. w." S. 202, vergl. auch Grohmann's neue Schrift

Freilich ist dies Letztere gleich näher zu bestimmen, denn, wenn überhaupt jedes Gewitter, was durch die Art seiner Erscheinung die hier entwickelte Vorstellung begünstigte, gleichsam als eine »himmlische Eberjagd« aufgefasst werden konnte, so veranlasst der geglaubte Tod des Jägers selbst, d. h. sein längeres Verschwinden, sein Verwünschtsein, doch noch ein besonderes Moment in dem gesammten Erscheinen des Gottes damit verknüpft anzusehen. Und wenn wir uns nun das gesammte Bild, das wir bisher von den beiden hierhergehörigen Gottheiten erhalten, vergegenwärtigen, so scheidet sich ihre Natur in so bedeutsamer Weise in zwei Hälften, dass das Resultat sich von selbst ergiebt. Zunächst fanden wir es nämlich noch im heutigen Volksglauben festgehalten, dass in Sturm und Windsbraut ein Paar verwünschte oder verzauberte, jagende Wesen umziehen, und oft knüpft man dies noch gradezu an Spätherbst und Winter; dann aber traten anderseits in den Sagen, welche sich daran reihten, beide Gottheiten in mannigfachster und sehr bestimmter Weise im Gewitter thätig auf. Wenn Letzteres nun aber der Natur der Sache nach doch nur auf die sommerliche Thätigkeit der Gottheiten gehen kann, so ist hiermit

---

über Apollo Smintheus. Prag 1862, p. 6 u. 7. — Derselbe Gewittereber erscheint auch in der nordischen Mythologie im Sagenkreise des Freyr und der Freyja als der Eber Gullinbursti, dessen Goldborsten die Nacht gleich dem Tage erhellten, der mit Pferdeschnelligkeit rannte. Ursp. d. Myth. p. 236. — Zu der ausgeführten Vorstellung aber der mythischen Eberjagd selbst hat weitere Beiträge geliefert Mannhardt, die Götter der deutschen und nordischen Völker. Berlin 1860 I. p. 102. 134 ff., vergl. auch Ursp. d. Myth. u. A. 267—270.]

schon der bestimmte Gegensatz zu der winterlichen, auch durch den Glauben noch besonders hervorgehobenen Thätigkeit gegeben, die nur im einfachen Sturmesgebraus sich verkündet. Dann aber steht das (₂₇) sommerliche Erscheinen dem winterlichen auch noch in der Beziehung gegenüber, dass jenes, zum Theil sichtbarlich am Himmel in den Wolken wahrzunehmen, einen weit lebendigeren und persönlicheren Eindruck machen musste, als das Letztere, wo die Gottheiten nur auf das Treiben des Sturmes und Windsgebrauses beschränkt schienen, man mehr sie noch gleichsam zu spüren als wirklich zu sehen glaubte. Diesen letzteren Zustand meine ich, bezeichnete man desshalb als ihr Verwünschtsein, und da heisst es, wenn der Hackelberg bei der Gewitterjagd stirbt oder verwünscht wird, die weibliche Gottheit ebenfalls dann verzaubert, der Erlösung bedürftig erscheint; es ist der Gottheiten winterlicher Zustand. Dass dieser aber nur als ein vorübergehender gedacht wurde, die Sage eben nur als einmaliges Factum hinstellt, was man wiederholentlich wahrzunehmen glaubte, das zeigt uns noch deutlicher der Cultus, der sich an die beiden besprochenen Gestalten knüpft, dessen Spuren sich noch ziemlich reichhaltig erhalten haben, und der auch das eben mehr in Bezug auf den Hackelberg Nachgewiesene in anderer Weise noch für die Frick beweisen wird. Nur eins will ich in dieser Beziehung hier gleich berühren. Wenn nämlich es in jenen oben aus dem Havellande und der Insel Möen berichteten Sagen von der verfolgten Windsbraut heisst: sieben Jahre brauche sie, bis sie erlöst werde, und auch vom Hackelberend in einer Sage erzählt

wird, er jage um die Welt und käme alle **sieben
Jahre** nur einmal durch, so stimmt dieser Termin einer
nach **sieben Jahren** gleichsam eintretenden **Erlösung
und Wiedererscheinung** wunderbarer Weise zusammen
mit dem deutschen Aberglauben, dem zufolge der in die
Erde fahrende Donnerkeil nach **sieben Jahren** wieder
zur Oberfläche zurückkehrt;[1]) es würde also diese Parallele, dass auch die **Gewittergottheiten** nach **sieben
Jahren** erlöst werden, eben nur unsere ganze Auffassung
bestätigen. Was aber die Zahl **sieben** selbst anbetrifft,
so scheint mir diese auf die **sieben winterlichen Monate** von October bis Mai (dem Frühlingsmonate, wo
die Frühlingsfeste gefeiert werden,) zu gehen, während
welcher Zeit die **Gewitter** und somit auch die **Gewitterwesen verschwinden, oder als Sturm nur und
Windsbraut verzaubert erscheinen**[2]). Der Zusatz
»Jahr« scheint eben nur einen für die Sage an sich, ohne
Beziehung auf die Natur, passenden langen Zeitabschnitt
bezeichnen zu wollen, und wie er in dieser Hinsicht für
ein Verwünschtsein, Verzaubertsein eines himmlischen Wesens überhaupt passt, so passt er auch zu der andern
Vorstellung des tief, tief in die Erde fahrenden Donnerkeils, [welcher auch längere Zeit — nämlich im Winter —
verschwunden und erst im Frühling wieder sich bemerkbar zu machen, d. h. wieder heraufgekommen zu sein

---

[1]) Grimm, Myth. p. 163 sqq.

[2]) Wie die Frühlingsfeste in dieser Beziehung auf den Mai noch
besonders hinweisen, so stimmt zum Anfang des October auch anderseits,
dass den 29. September das Michaelis-Fest ist, und der heilige Michael
wohl hier an Wodans Stelle getreten, wie Kuhn schon in den Anmerk.
zu den norddeutschen Sagen zu G. 118—120 ausgeführt hat.

schien, gerade wie bei den Griechen des Regenbogengottes Apollo Blitzpfeil im Winter bei dem sagenhaften Volke der Hyperboreer angeblich aufbewahrt wurde und im Sommer zu ihm wieder zurückkehrte[1]).]

[Wenn die bisherigen Sagen uns den Wodan mehr als den Sturmesgott in den mannigfachsten Beziehungen zu Windsbraut, Blitz und Donner gezeigt haben, die Wolken mehr implicite in den verschiedenen Gestalten der einzelnen Scenerien steckten, so treten sie auch oft noch namentlich in den Hackelberg-Sagen significanter hervor, und einzelne kleine daran sich schliessende Züge vervollständigen das Bild. So heisst es in Schambach's und W. Müllers Niedersächsischen Sagen (Göttingen 1855) S. 99: »Als einst Hackelberg bei Eimen vorüberzog, begegneten seine Hunde den Spinnerinnen aus dem Dorfe und schüttelten sich so um diese herum, dass ihnen der Regen die Kleider und die Spinnrocken ganz nass machte.« — Eine kleine und doch für diesen ganzen Sagenkreis höchst bedeutsame Notiz. Ich will hier nicht weiter von der oder den Spinnerinnen reden, welche wir nachher in der eigensten Weise in der himm-

---

[1] [Diese Auffassung der sieben Jahre ist inzwischen weiter begründet worden von Kuhn in seinem Aufsatz über „die weisse Frau" in Wolff's (Mannhardt's) Zeitschrift f. d. Myth. III. 368 ff., wobei ich nur bemerken will, dass speciell zu den sieben winterlichen Burgen des indischen Glaubens, die gebrochen werden, sich näher noch ein anderer deutscher Aberglaube stellen möchte, den ich neulich kennen lernte, dass in jedem Winter 7 Stösse Kälte (mit Eis und Schnee) kämen, oder „7 Winter," wie man sich geradezu ausdrückt. — Ueber die Deutung des Mythos von Hackelberg's Tode oder Verwünschtsein vergl. auch Mannhardt's weitere Ausführungen in seiner Mythol. der deutschen und nordischen Völker a. a. O. — Ueber Apollo als Regenbogengott und den Blitz als seinen Pfeil vergl. Urspr. der Mythol.]

lischen Scenerie werden kennen lernen, ich hebe zunächst nur das in dem von Hackelberg Gesagten hervor, dass wenn seine Hunde sich schütteln, Alles vom Regen trieft; — da haben wir doch in den dahinjagenden Regenwolken deutlich des Gottes Hunde, von denen nach dieser Anschauung das himmlische Nass trieft, wie nach nordischer Vorstellung in einer gewissen Einschränkung eines analogen Glaubenssatzes von den (Wolken)-Rossen der im Gefolge Odhin's auftretenden Valkyrien der Thau stammen sollte. Neben der so gewonnenen Anschauung für den Regen weist also auch dieser characteristische Zug wieder auf die Wolkenjagd als den eigentlichen Mittelpunkt des Mythos hin und ergänzt die oben angeführte holsteinische Sage, der zufolge im Blitz die Zungen von Wodan's Hunden also unserer Wolkenhunde züngeln sollten.

Ebenso characteristisch ist ferner die zum Hackelberg sich stellende Vorstellung des Nachtraben, von der wir schon Nordd. Sagen S. 222 berichtet haben, welche aber in den von Schambach und Müller S. 96 beigebrachten Ueberlieferungen weit reicher sich entwickelt. Erzeugte nämlich der grelle Blitzstrahl, der leuchtend in der Gewitternacht aus der Wolke zuckt, die Vorstellung eines Wolkenvogels, dessen Auge wie das der Eule durch die Nacht funkelt, und liess so eine Eule dem Wodan voranfliegen (s. oben p. 54), so knüpft der Nachtrabe speciell zunächst an die dunkle Wolke an. In der Sage tritt nämlich dieser mythische Vogel in die nächste Beziehung zum Hackelberg, gerade wie dem nordischen Odhin auch der Rabe zur Seite steht[1]). Der

---

[1]) So hängt z. B. nach der Edda vor Odhins Saal ein Wolf vor

Nachtrabe zeigt aber noch deutlich wieder in seiner ganzen Gestaltung die Anschauung, aus der er entstanden ist. Es ist der **schwarze Wolkenvogel**, wie ich ihn Ursp. der Myth. p. 199 ff. in so vielen Sagen schon als **Rabe** oder **Adler** nachgewiesen habe. So zieht er also, heisst es, zu Zeiten, wie ein **grosser und starker Vogel, aber nur bei Nacht**, d. h. in der **Gewitternacht.** »Man nennt ihn auch den **eisernen Vogel**, weil er **eiserne** (nach Andern **eherne**) **Flügel** hat, mit welchen er diejenigen, die ihm nachrufen, **zu Tode schlägt.** Seine Stimme ist die eines Kolkraben, aber viel stärker, er ruft hâr, hâr oder wârk, wârk und dieser Ruf bedeutet **Krieg.**« Einem Schäfer, der ihm spottend nachrief, schlug er mit seinen eisernen Fittichen die Schäferkarre in tausend Stücke und den Schäfer todt; ähnlich wie in einer andern Sage bei Schambach u. Müller (S. 99, 17) vom Hackelberg erzählt wird; Knechten, welche dasselbe thaten, ward, wie in den Sagen vom wilden Jäger, ein **Pferdeschinken aus der Luft herabgeworfen** u. s. w. In diesen Sagen absorbirt der Nachtrabe gleichsam die ganze Naturerscheinung des Gewitters. Mit seinen **eisernen, todbringenden Schwingen** stellt er sich ganz zu den furchtbaren, **menschenfressenden, stymphalischen Vögeln** der griechischen Mythe, welchen auch **eiserne Schwingen** beigelegt wurden, und die in den Blitzen ihre **Federn als Pfeile** zu entsenden schienen, welche dann Herakles im Gewitterkampf theils getödtet, theils ver-

---

dem westlichen Thor und über ihm ein **Rabe**, wobei der **heulende Sturmeswolf** der Stellvertreter des von mir als **Wind** nachgewiesenen **Hundes** in der wilden Jagd ist. Als Analogon dazu kommt dann aller Wind vom **Adler Hroesvoelgr**, der am Ende des Himmels sitzt (Ursp. p. 204).

scheucht haben sollte (s. Ursp. d. Myth. p. 199). Es ist das Ganze die Entwickelung der Anschauung, der zufolge Lenau die Gewitternacht mit ihrem Rauschen einem **schwarzen Aar** vergleicht, des **Flügel Feuer fingen**, indem dann im mythologischen Glauben dieses Glänzende, Leuchtende die Vorstellung von etwas an dem betreffenden Gewitterwesen irgendwie haftenden **Ehernen** oder **Eisernen** weckte. So erscheinen auch nach griechischer Vorstellung, was ich jetzt noch hinzufüge, die auch im Gewitter spielenden Gorgonen mit **ehernen Flügeln und Händen**[1]). Wenn aber Herakles in jenem Kampfe mit den stymphalischen Vögeln sich **eiserner Klappern** sie aufzuscheuchen bedient haben sollte, und dies auf den **Donner** geht: so findet es sein bäurisches Analogon in unsern Sagen gleichsam darin, dass wenn Hackelberg zieht, man ihn wohl Stunden weit hören kann, **so gewaltig klappert er mit den Schuhen**. — Bei der einfachen Nachtrabensage ist aber davon nicht die Rede, wie überhaupt ja kein Kampf mit diesem Vogel stattfindet, sein Erscheinen bezeichnet nur im Allgemeinen **Krieg**, d. h. den Kampf im Gewitter dort oben. Der Donner aber erscheint in der angezogenen Sage dann einfach als der **Stunden weit hin hörbare Ruf des ziehenden Vogels**, gerade wie ich Hackelbergs Nachruf auch auf den Donnerruf bezogen habe; s. Schambach u. W. Müller p. 420.

Wenn aber so im Nachtraben zum Theil eine besondere Gestalt des Gewitterwesens neben dem Hackelberg als ewigem Jäger tritt, so bieten die Sagen desselben Landstrichs noch eine dritte Abzweigung der Perso-

---

[1]) Auch grosse **Eberzähne** wurden ihnen beigelegt. Dindorf z. Aeschyl. Oxonii 1851 III., p. 265.

nification der betreffenden Naturerscheinung in dem sogenannten ewigen Fuhrmann, wie ja auch anderseits der wilde Jäger ja selbst, wie wir oben gesehen, als ein solcher Fuhrmann erscheint, in der mecklenburgischen Sage auch das Rollen des Donnerwagens erwähnt wurde, Frau Gode an ihrem zerbrochenen Wagen im Blitz hämmern liess und dergl. mehr[1]). Es ist das besonders deshalb bemerkenswerth, weil hier in einem kleinen Beispiel sich deutlich zeigt, wie mannigfaltige Gestalten auf mythologischem Gebiet selbst innerhalb desselben Anschauungskreises erwachsen konnten, eine Erscheinung, deren Anerkennung für die Mythologie von der grössten Wichtigkeit ist.

Wie der Nachtrabe oder der Hackelberg übrigens den Schäfer unter seiner Karre todt schlägt und sich so als das furchtbare Gewitterwesen documentirt, so bestätigen die inzwischen bekannt gewordenen Sagen in einer Menge von Zügen, dass die Gestalt des wilden Jägers ursprünglich auch nach dieser Seite hin vollständig in ihrer Weise die das Gewitter begleitenden Erscheinungen und die den Menschen dabei treffenden Unfälle erschöpft hat. Der wilde Jäger zerschmettert oder lähmt, raubt dem Menschen, den er antrifft, Gesicht oder Gehör, dreht ihm den Hals um, man muss eilen unter Dach und Fach zu kommen, wenn man ihn hört; sein Ruf tönt wie ein warnender Zuruf, der den Menschen heisst »midden im Wege« zu bleiben, ein bekanntlich zu alten Zeiten gültiger Rath beim Gewitter;

---

[1]) Ueber den ewigen Fuhrmann s. Nordd. Sagen S. 222, Schambach u. W. Müller S. 95.

denn unter den Bäumen ist es namentlich gefährlich, da hat der Wodan besonders sein Spiel, wie z. B. in der mecklenburgischen Sage um eine Eiche die Blitzkette geschlungen zu werden und diese sich in ihren Wurzeln bei dem himmlischen Tauziehen zu drehen schien, nach einem Gewitter endlich die im Walde vor Allem angerichteten Zerstörungen bewiesen, wie die wilde Jagd dort ihr Wesen getrieben haben müsse[1]). —

Frau Harke und ihr Treiben an den Camernschen Bergen.

Dem wilden Jäger Wodan zur Seite trat, wie wir gesehen, ein weibliches Wesen, neben den Sturmesgott stellte sich die Windsbraut, und beide erschienen in den Mythen auf die verschiedenste Weise im Gewitter ihr Wesen treibend. Die Uckermark lieferte uns für die weibliche Gottheit speciell dann den Namen der Frick, welcher dadurch eine besondere Bedeutung gewinnt, dass er sie anderseits in eine genaue Parallele zur nordischen Frigg, der Gemahlin Odhins, stellt; in den angrenzenden Theilen Mecklenburgs und der Priegnitz wiesen uns die Sagen von der Frau Gode wenigstens entschieden auch auf eine weibliche Gottheit neben der entsprechenden männlichen hin, während die Mittelmark in den betreffenden Sagen von der wilden Jagd das weibliche Wesen weniger prononcirt hervortretend zeigte. Hingegen gruppirt sich hier ein merkwürdiger Sagenkreis um ein mythisches Wesen, Frau Harke genannt, der zunächst in dem

---

[1]) Ursprung der Mythol. p. 6. v. Schambach u. W. Müller p. 420

Ländchen Rhinow und dann im Lande zwischen der Havel und Elbe, da wo erstere in die letztere mündet, localisirt erscheint, dann aber auf grössere Kreise hinweist und uns in Verbindung mit den in den angrenzenden Landschaften sich daran schliessenden Gebräuchen eine weibliche Gottheit zeigt, welche gerade wie die Frick aus Gewitteranschauungen hervorgegangen ist und auch im Cultus ihr und dem Wodan ganz zur Seite tritt[1]).

Die mythische Gestalt der Frau Harke aber, wie sie in den Sagen hervortritt, die sich namentlich an den auch nach ihr benannten Frau Harkenberg bei Camern schliessen, beruht auf ganz selbstständigen Anschauungen, die zunächst nichts mit der wilden Jagd zu thun haben scheinen, aber doch, wie sie auch in dasselbe Naturelement gehören, sich mit derselben berühren. Ich habe zum Theil diese Sagen schon in meinem Buche über den Ursprung der Mythologie p. 246. 267 ff. besprochen und muss um so mehr darauf verweisen, als sie allein behandelt trotz ihrer Verbindung mit der Frau Harke an und für sich nicht die Bedeutung zu haben scheinen, die ihnen bei der häufigen Wiederkehr an den verschiedensten Orten und der daraus zu schliessenden uralten weiten Verbreitung der betreffenden mythologischen Vorstellungen zukommt. Nur Einiges, dort nicht Erwähnte führe ich hier noch besonders aus. Frau Harke erscheint nämlich zunächst als eine Wolken- und Windgöttin, wie die thüringische Frau Holle im Berge, d. h. im Wolkenberge hausend;[2]) sie wird dann zur himmlischen

---

[1]) Ueber die Sagen von der Frau Harke s. Norddeutsche Sagen S. 126.

[2]) Ueber die Vorstellung einer solchen im Wolkenberge hausenden

Jagdgöttin, wenn sie des Abends ihre Thiere, wilde Schweine, Hirsche, Rehe, Hasen und anderes Wild eintreibt und des Morgens sie wieder hinaus auf die Weide treibt. Es ist nämlich, meine ich, die Windsbraut, welche die Wolkenthiere vor sich her scheucht, denn es fehlt ja bloss die Vorstellung einer directen Jagd, in der Sache ist es dasselbe, nur erscheint eben Frau Harke mehr wie eine Artemis als die Schützerin des Wildes. Wenn sie aber grosse Bäume bei diesem Treiben ihrer Thiere aus der Erde reisst und damit gegen die Schürze schlägt, um sie zusammenzuhalten, oder sie mit irgend einem Ruf wie »Pickel,« »Pickel« lockt, so werden wir bei diesen Hanthierungen des riesenhaften Weibes, als welches sie geschildert wird, an das Schuhklappern des Hackelberg oder an seinen und des Nachtraben hallenden Nachruf erinnert. Gerade in derselben Weise schildert übrigens auch Homer Od. XI. 572 ff. in einem Bilde, das auf eine anologe Vorstellung hinweist, den gewaltigen Jäger Orion bei seiner Jagd mit eherner Keule ausgerüstet, und lässt ihn dann nach dem Tode sein Wild auf der himmlischen Asphodeloswiese noch immer vor sich hertreiben.

Besonders characteristisch tritt aber in einzelnen Sagen von der Frau Harke ein wunderbares Thier auf, das gefangen oder vermisst wird, mythische Bilder, die Kuhn in seinen westph. Sagen p. 326 ff. in grosser Fülle auch aus anderen Gegenden zusammengestellt hat

---

Göttin a. Kuhn in Wolff's Zeitschrift f. d. M. III. 368 ff. und Mannhardt, German. Mythenforsch. Berlin 1858 p. 263.

und die ich Ursprung der Mythologie p. 267 f. auf die Vorstellung einer im Gewitter unter dem Zuruf schallender Donner stattfindenden Jagd auf ein solches Thier gedeutet habe. Hirten, heisst es z. B., fangen am Frau Harkenberge einen Dachs, da ruft eine Stimme im Berge: quems! quems! Eine andere antwortet: Was fehlt dir? und die erste entgegnet: die grosse einäugige Sau. Als die Hirten nach Hause kommen, finden sie ein einäugiges Thier im Sack. Die Stimme aber ist die der Frau Harke gewesen, denn ihre Schweine sind die Dachse. Norddeutsche Sagen S. 126, 4. Ein Analogon hörten wir geradezu von der wilden Jagd ebenfalls im Havellande erzählen. Ein Bauer, Ernst Koppe, fing mal einen Dachs; da kommt die wilde Jagd, in der einer ruft: Na sinn wî denn nu all to hôpe? worauf ein anderer antwortet: Ja, bett upp de ênögige Sau, dê hett Ernst Koppe innen Sack fangen. Als dieser darauf nach Hause kommt, findet er eine alte einäugige Sau im Sack statt des Dachses. Märkische Sagen S. 136. Wie der Frau Harkenberg bei Camern nur ein irdisches Substitut des himmlischen Wolkenberges ist, so sind auch die Hirten, der Ernst Koppe ebenso wie der Bauer, welcher mit dem Wodan am Blitztau zieht, und alle diese handelnden Personen nur irdische Substitute für allerhand himmlische Wesen, die bei den betreffenden Handlungen, also hier z. B. bei dem himmlischen Dachsfang, thätig erschienen. Dass aber gerade Dachse als die Thiere der Frau Harke bezeichnet werden, im Gewitter ein Dachsfang stattzufinden schien, der einäugige Dachs unter hallendem Zuruf gefangen wurde, characterisirt gerade in der eigenthümlichsten Weise Frau Harke als ein in den Wolkenbergen hausendes Wesen. Denn wie ich nach meinen, Kuhn's und Grohmann's[1]) Untersuchungen über die mythischen Thiere, wie den Wolkeneber, die Wolkenratten, die Wolkenmäuse, die man am Himmel im Gewitter entweder mit ihren weissen blitzartigen Zähnen in den Wolken wühlend oder zwischen denselben dahinhuschend glaubte, es jetzt kurz aussprechen kann: die weisszähnigen Dachse scheinen neben den andern gerade als im Innern der Berge hausende Thiere besonders geeignet, dass man sie in den Blitzen aus den Wolkenbergen schlüpfen oder im Wolkentreiben gejagt oder gefangen zu werden wähnte.

Wenn ferner es eine Sage von Frau Harkens Auszug giebt und ihrer Ueberfahrt über die Elbe, so weist dies nach anderen Analogien auf dasselbe himmlische Terrain hin. Als nämlich, heisst es, der Wald auf den Camernschen Bergen immer lichter geworden, da hat's der Frau Harke nicht mehr gefallen, und sie ist fortgezogen nach Thüringen. Sind nämlich eines Abends zwei Reiter auf kleinen Pferden zum Fährmann an der Arneburger Fähre gekommen, und haben Alles angemeldet, sind dann auch bald wieder gekommen, aber ausser ihnen ist Niemand zu sehen gewesen. Als sie jedoch in die Fähre gestiegen, — und der Fährmann hat die grösste nehmen müssen, auf der vier Wagen auf einmal überfahren können, — da ist ein gewaltiges Gerassel und Gepolter gewesen, wie

---

[1]) Apollo Smintheus und die Bedeutung der Mäuse in der Mythologie der Indogermanen. Prag 1862.

wenn ein ganzes Heer auszöge und dieser Lärm hat auch fortgewährt, bis sie drüben am Ufer gewesen. Als sie dort gelandet, hat einer der Reiter dem Fährmann als Lohn eine Metze mit alten Scherben hingeschüttet, und darauf sind sie fortgeritten. Der Fährmann aber ist über solche Bezahlung ärgerlich gewesen und hat Alles in die Elbe geworfen; nur ein Paar Stücke sind in der Fähre liegen geblieben, und wie er am andern Morgen in dieselbe gestiegen ist, um sie zu reinigen, hat er statt ihrer ein Paar Goldklumpen gefunden. —

Dies ist nur eine irdische Localisirung eines alten indogermanischen Mythos von einer in der Gewitterwolke stattfindenden Ueberfahrt eines himmlischen Wesens oder der Zwerge oder der Seelen der Verstorbenen u. dergl., wobei der Fährlohn in klingendem Golde oder Münzen oder wie in unserer Sage scheinbar in Scherben in eine bereit stehende Pfanne oder in den Wolkenkahn geschüttet wird, eine Vorstellung, die ich Ursp. d. Myth. p. 248 Anmerk. und 273 ausgeführt und darauf auch den Gebrauch des Fährgeldes, was den Todten mitgegeben werden musste, bezogen habe. Für Frau Harke ergiebt sich zunächst nur daraus der allgemeine mythische Glaube, sie ziehe unter Gerassel und Gepolter in den Gewitter-Wolkenschiffen dahin, eine Vorstellung, die nicht bloss in der deutschen Mythologie reiche Wurzeln getrieben hat; denn auf eine derartige mythische Vorstellung glaube ich mit Recht den bei Griechen, Römern und Deutschen zur Frühlingszeit stattfindenden Umzug eines heiligen Schiffes, des navigium Isidis, wovon Tacitus spricht, als eine Nachahmung eines analogen himmlischen Vorgangs zurückführen zu können¹).

Eine Klasse von Sagen reiht sich schliesslich noch an **Frau Harke**, die ersichtlich aus dem heidnischen Bewusstsein zur Zeit der Einführung des Christenthums hervorgegangen sind. Auf den Stöllenschen Bergen hat ein **Stein** gelegen, mit dem hat sie den **Havelbergischen Dom einwerfen** wollen, er ist ihr aber aus der Hand geglitten und dort niedergefallen. Man hett ook orntlich, heisst es, künn'n de Löcker seien (sehen), wo se mett de Fingern rinpackt hett, unn et sinn ook noch ne Menge lange **Streepen** (Streifen) drin west, dee süllen daher kamen sinn, dat Fruu Harke, as äär nu de Steen uutglipscht is, so wüütig waren (wüthend geworden) is, datt se en groten **Stral uppen Steen pissen deede**, dee so stark was, datt davon alle de Streepen innen Steen keemen (Märk. Sagen S. 138). Aehnliches erzählt man von einem Stein in der Nähe von Landin und Kotzen (Nordd. Sagen S. 126, 3). Der hat dem **Brandenburger Dom** gegolten. Auch hier kehrt der Zug wieder, dass, als er Frau Harken aus der Hand geglitten, sie so wüthend geworden ist, dass sie ihr **Wasser darauf gelassen hat**, und davon hat der Stein ein so tiefes Loch bekommen, dass zu jeder Zeit, mag es auch noch so lange nicht geregnet haben, Wasser darin steht. —

Ich habe Ursp. u. A. p. 85 den **polternden Donner** in derartigem **Steinwerfen** mythischer Wesen nachgewiesen, und so namentlich die reiche Fülle von

---

¹) Das Sachliche bei Grimm, Myth. I. 236 ff.

Sagen erklärt, denen zufolge dieser oder jener grosse Stein davon herrühren sollte, dass ihn der Teufel oder ein Riese, d. h. ein grosser Mummelack, wie man noch jetzt eine grosse Gewitterwolke nennt, mal gegen diese oder jene Kirche in einem Gewitter habe schleudern wollen, und er ihm hier aus der Hand gefallen sei. So tritt denn auch durch diese Sage, die in die Zeit der Kämpfe und des Widerstrebens gegen die Einführung des Christenthums zu setzen ist, Frau Harke in die Reihe der erwähnten Gewitterwesen ganz natürlich ein. Und wenn sie nun dabei in grossem Strahl ihr Wasser gelassen haben sollte, so habe ich es, gleich als wir die Sagen hörten, nicht anders gefasst, als eine Anschauung des in Strömen beim Donnergepolter herabstürzenden Regen, aber mit einiger Sicherheit kann ich dies erst jetzt aussprechen, wo Schönwerth in seinen Sagen aus der Oberpfalz ~~III. p. 20~~ für *II. p. 121.* starken Regen die bäurisch rohe Redeweise beigebracht hat, »nu pissen sie da oben all wieder.«

Mögen diese Andeutungen genügen, um zu zeigen, dass hier in diesem kleinen Kreise Sagen von einer Gewittergöttin haften geblieben sind, die, in ihrer mythischen Mannigfaltigkeit höchst merkwürdig, mit weit verbreiteten Anschauungen in Verbindung stehen, doch sich wesentlich von den Sagen der benachbarten Frick oder Frau Gode unterscheiden, so dass sie den Character voller Eigenthümlichkeit für sich in Anspruch nehmen. Wenn aber hier bei Camern in dem Frau Harkenberge und den sich daran schliessenden Sagen noch deutlich eine Cultusstätte der Göttin uns entgegentritt, so wird sich anderseits die Bedeutung der Göttin dadurch mehren, dass, wie wir sehen werden, in der ganzen Mittelmark, abgesehen etwa vom Teltow und dem nach der Lausitz zu liegenden Strich, ferner an der Elbe, im Anhaltischen bis zum Harz hin und auch nördlicher noch etwas, diese Frau Harke im fortlebenden Cultus ganz an die Stelle des Wodan und der Frick tritt.

Wodan, Frick und Frau Harke in den Gebräuchen, den Ueberresten des alten Cultus.

Die Erntegebräuche.

An den Wodan knüpfen sich zunächst allerhand Erntegebräuche, die sich noch deutlich als Ueberreste des alten Cultus dieses Gottes erweisen. Sie schliessen sich an ihn als den wilden Jäger des Gewitters, wie die schon oben p. 24 erwähnte Sage von dem ihm verwandten Grönjette auf der Insel Möen es klar ausspricht, dem zur Erntezeit die Bauern ein Bund Haber für sein Pferd hinlegen, dass er des Nachts — d. h. in der Gewitternacht — nicht ihre Saaten zertrete. Gerade so, ganz äusserlich, gleichsam mehr als ein Abstandsgeld ergeben sich die dem Wodan dargebrachten Gaben zunächst auch nur, obgleich in den daran sich reihenden Sprüchen der Gott auch schon als Geber guter Feldfrüchte erscheint, was aber auch zu dem Sturm-, Regen- und Gewittergott, als welchen wir den Wodan kennen gelernt haben, passt. Zuerst ist es Mecklenburg, das hier in den Vordergrund tritt, und ich stelle das Betreffende nach J. Grimm's Myth. p. 141 f. zusammen.

Nachdem dieser erwähnt, dass auch in Schonen und
Blekingen es lange Zeit Sitte geblieben sei, dass die
Ernter auf dem Acker eine Garbe für Odens Pferd
zurückliessen, fährt er fort: »die mecklenburgische Gewohnheit schildert Gryse, Prediger in Rostock, folgendermassen in seinem spegel des antichristichen pawestdoms,
Rostock 1593: »ja, im heidendom hebben tor tid der arne
de meiers dem afgade Woden umme god korn angeropen, denn wenn de roggenarne geendet, heft men up
den lesten platz eins idern veldes einen kleinen ord
unde humpel korns unafgemoiet stan laten, dat-
sülve baven an den aren drevoldigen to samende geschörtet unde besprenget. alle meiers sin darumme her getreden, ere höde vam koppe genommen unde ere seisen
na der sülven wode (?) unde geschrenke dem kornbusche upgerichtet, und hebben den Wodendüvel dremal semplik lud averall also angeropen unde gebeden:

> Wode, hale dinem rosse nu voder,
> nu distel unde dorn,
> tom andern jar beter korn!

welker afgödischer gebruk im pavestom gebleven. daher
denn ok noch an dissen orden dar heiden gewanet,
bi etliken ackerlüder solker averglövischer gebruk in
anropinge des Woden tor tid der arne gespöret werd,
und ok oft desülve helsche jeger, sonderlichen im
winter des nachts up dem velde, mit sinen jagethunden
sik hören let.«

»Dav. Franck (Mecklenb. 1. 56. 57), der von alten
Leuten das Nämliche gehört hat, führt den Reim so an:

Wode, wode,
hal dinen rosse nu voder,
nu distel un dorn
ächter jar beter korn!

Auf adligen Höfen, fügt er hinzu, wenn der Roggen ab sei, werde den Erntemeiern Wodelbier gereicht; auf Wodenstag jäte man keinen Lein, damit Wodans Pferd den Samen nicht zertrete.«

Wie schon oben pag. 40 angedeutet, hat Kuhn und ich nun einen ganz analogen Gebrauch in der nordwestlichen Altmark als noch jetzt stellenweise üblich vorgefunden. In den Märkischen Sagen konnten wir ihn nur von der Umgegend des Klosters Diesdorf berichten (s. p. 337 f.), in den Norddeutschen Sagen hingegen haben wir ihn in umfassender Weise in jener Gegend nachgewiesen (s. p. 394), neuerdings hat ihn Kuhn auch im angrenzenden Theil Lüneburgs zwischen Wittingen und Uelzen noch vorgefunden. (Westph. Sagen II., p. 178.)

Während der Roggenerte bleibt nämlich auf jedem Ackerstück ein Büschel Aehren stehen, welches der Vergodendeel heisst. Wenn dann Alles abgemäht ist, zieht man mit Musik und geschmückt auf's Feld und umbindet diesen Büschel mit einem bunten Bande, darauf springt man darüber fort und tanzt herum. Zuletzt durchschneidet es der Vormäher mit der Sense und wirft es zu den übrigen Garben. So geht es von einem Ackerstück zum andern und zuletzt zieht man unter dem Gesange: »Nun danket alle Gott« wieder in's Dorf, und hier von Hof zu Hof, wo ein Erntespruch hergesagt wird. Abends ist dann Tanz u. s. w.

Trotz des christlichen Liedes ergiebt sich das Ganze

als das heidnische Erntefest mit dem Busch Roggen, welcher zunächst für den Gott, für Fro G(w)oden stehen blieb, und deshalb in abgekürzter Form, wie ich nach Kuhn und Grimm schon oben auseinander gesetzt habe, Ver Goden Deel, d. h. der für den Herren Woden bestimmte Theil hiess. Zur Bestätigung dieser Ansicht liegen auch aus andern Theilen Deutschlands Berichte vor, die Erntegebräuche mit dem Wodan in Verbindung setzen. Besonders interessant ist noch einer, den schon J. Grimm, Myth. 231, aus den braunschweigschen und hannoverschen gel. Anzeigen vom Jahre 1751 entnommen hatte, wo auch aus Niedersachsen von einem Busch berichtet wird, der bei der Ernte stehen bleibt und dann mit Blumen bekränzt wird. Um diesen sammelten sich dann die Hausleute und riefen dreimal Fru Gaue folgendermassen an:

Fru Gaue, haltet ju fauer,
düt jar up den wagen,
det ander jar up der kare!

Wenn auch der Schluss des Verses nicht ganz klar, so ist es wenigstens die Bedeutung des Ganzen und die Beziehung auf den Fro Gwoden[1]).

---

[1]) Von welchem Theile Niedersachsens übrigens dieser Bericht redet, geht aus den betreffenden Stellen nicht hervor; mein Schwager Kuhn und ich, wir haben die Form Fru Gaue speciell an der Spitze des wilden Heeres in den Zwölften in Grabow in Mecklenburg gehört, Nordd. Sagen Geb. 174; anderseits berichtet Grimm aus den hannoverschen gel. Anzeigen v. 1751 p. 726 noch aus der Gegend von Hameln von zwei Sprichwörtern, die bei der Ernte daselbst üblich gewesen sein sollen, wenn einer auf dem Acker etwas stehen liess, und die gelautet haben sollen: Scholl düt dei gaue Frue oder de Fru Gauen hebben? aber dieses wird nur an der angezogenen Stelle zur Erklärung des obigen Gebrauchs als etwas angeblich Analoges beigebracht.

In der Priegnitz, Uckermark, Mittelmark, anderseits aber auch an einigen angrenzenden Punkten Mecklenburgs fanden wir ebenfalls meist einen Erntegebrauch, der auch offenbar noch in seinen Elementen heidnisch ist, dessen Beziehung aber zweifelhaft sein dürfte. Man fertigt nämlich meist eine **Puppe** aus der letzten Garbe, und schmückt sie, so gut es geht, aus. Nachmittags wird dieselbe auf einem mit Laub und Blumen verzierten, vierspännigen Wagen festlich eingeholt. Jung und Alt, festlich gekleidet, folgt, und Musik begleitet den Zug. Ist man nämlich bei den Garben, auf denen die Mannsgestalt steht, angekommen, so schliesst man einen Kreis um sie und ungefähr eine halbe Stunde wird auf den Stoppeln getanzt. Sodann werden die Garben mit der Puppe auf den Wagen geladen, und jubelnd fährt man nach Hause. Dies ist die feierlichste Art, wie sie namentlich in der Priegnitz auftritt. In den andern Gegenden wird diese Puppe meist nur mit dem letzten Fuder jubelnd eingeholt, oder sie wird aus der letzten Garbe einfach gefertigt, und das Mädchen, das eben zuletzt fertig geworden, und aus dessen Garbe sie somit gemacht wird, muss sie unter Spott in's Dorf tragen. Characteristisch heisst sie aber in den zuletzt angeführten Gegenden der Olle; der Gebrauch selbst heisst »den ollen brengen,« oder vom Mädchen heist es »dei het den ollen.«

Erwägen wir bei diesem Gebrauch, dass nach deutschen Vorstellungen der Gewittergott gerade besonders stets als der Alte erscheint, wie auch die von uns im Gewitter nachgewiesene Frick und Harke characteristisch »die olle« heisst,[1]) so dürfte dieser Olle, der hier

---

[1]) Nordd. Sagen S. 70, Geb. 181.

ursprünglich sicherlich bloss feierlich in's Dorf geholt wurde, der Gott selbst in rohem Bilde gewesen sein, welchem die Ernte gedankt wurde. Nach der gewöhnlichen Ansicht würde man dabei an den Donar, den nordischen Thor, denken, wozu auch die Nachricht des Ordericus Vitalis aus dem XI. Jahrhundert stimmen würde, der für eine Nation des Liutizergebietes, also etwa für unsere Gegenden, neben Wodan und Frigg die Verehrung des Thor ausdrücklich erwähnt, anderseits aber könnte nach den obigen Untersuchungen über Wodan es ebenso gut diesem gegolten haben, der sowohl den ganzen Kreis der Gewittererscheinungen absorbirte, als auch in den angrenzenden Gegenden als Erntegott ausdrücklich noch auftritt[1]).

Das Fest der Winter-Sonnenwende, die sogenannten Zwölften, zwischen Weihnachten und Gross-Neujahr.

Wenn schon die Erntegebräuche uns den Wodan als eine Art göttliches Wesen schildern, dem man nicht mehr bloss zufällig einmal begegnet, wenn er am Himmel vorüberzieht, sondern dem man es zu danken hat, wenn man die Früchte des Feldes ernten kann: so tritt dieser göttliche Character trotz aller rohen Form, die sich auch hier beimischt, noch mehr hervor in den Ueberresten desjenigen Festes, welches man ihm oder dem weiblichen Wesen, das in der Frû Gode und ähnlichem Namen steckt, so wie der im Ursprung gleichartigen Frick und Frau Harke zur Zeit der Wintersonnenwende

[1]) Die betroffenen Stellen über die erwähnten Erntegebräuche s. in den Märkischen und Norddeutschen Sagen unter Gebräuche.

beging. Die gewitterlose Zeit aber, in der man dieses Fest beging, zeigt anderseits, dass die Vorstellung von diesen Göttern noch eine andere Richtung genommen haben muss, als eben ihr Erscheinen im Gewitter, und die kann nach der ganzen Lage uud dem Character des Festes keine andere gewesen sein als die auf die **wiederzunehmenden Tage und die neuen Sonnen**, die wieder neues Licht und Leben der Natur zu bringen schienen. Es zeigt sich hierbei auch noch eine Art von calendarischem Fortschritt, indem man das Fest als die Zwölften noch bezeichnet und meint, in diesen Tagen würde die Witterung des nächsten Jahrs bestimmt, so dass jedem Tag ein Monat entspräche, mit deutlicher Beziehung auf die neuen Monde, die man ja noch im Volksglauben überhaupt das Wetter reguliren lässt. So dass also, wenn der Aberglauben nun die erwähnten Götter um diese Zeit ihren Umzug halten, d. h. in's Land wieder einziehen, sich der Erde wieder zuwenden lässt, sie gleichsam als die Repräsentanten der **neuen Sonnen und Monde** erscheinen. Die mythische Vorstellung scheint sich dabei freilich, in so fern sie sich an die Göttergestalten ansetzte, vorzüglich an **die Sonne des neuen Jahres** gehalten zu haben, mit deren vollem Glanze im Frühling dann auch sichtbarlich die bessere Zeit des neuen Jahres begann. Wie aber die Gewittergottheiten diese Richtung nahmen und in Sonnengottheiten übergingen, und welche Vermittlungen in den Vorstelluugen dabei stattgefunden zu haben scheinen, werde ich nachher besonders darzustellen versuchen, jetzt will ich dieses alte Sonnen- und Vorfrühlingsfest selbst schildern, wie es sich noch in den Gebräuchen erhalten hat.

Die Zeit also, an welche sich dasselbe knüpft, ist die Zeit der Wintersonnenwende, die sogen. Zwölften, d. h. nach dem jetzigen Calender die zwölf Tage von Weihnachten bis Grossneujahr, die Zeit, wo die Tage wieder länger werden, die auch jetzt noch der Landmann mit Sehnsucht erwartet. Gerade dies ungefähre Zusammenfallen des alten heidnischen Festes mit dem christlichen Weihnachtsfest und dem neuen Jahresanfang hat nicht wenig dazu beigetragen, eben die Gebräuche zu erhalten, die das Aufhören besonderer Arbeiten zu dieser heiligen Zeit geboten. Denn den bäurischen Verhältnissen gemäss wird noch immer in den Tagen des Umzugs des alten Gottes oder der Göttin die Ruhe festgehalten, welche Tacitus (Germ. c. 40) bei dem feierlichen Umzug der Göttin Hertha oder Nerthus aus dem nordöstlichen Deutschland berichtet, wenn er sagt: laeti tunc dies, festa loca, quaecunque adventu hospitioque dignatur, non bella ineunt, non arma sumunt, clausum omne ferrum, pax et quies tunc tantum nota, tunc tantum amata, donec idem sacerdos satiatam conversatione mortalium deam templo reddat.

Wie wir aber, als wir vorhin den Spuren der Götter in den verschiedenen Landschaften nachgingen, trotz derselben Grundanschauung, sie an den verschiedenen Orten doch mannigfach modificirt wahrnahmen, in den östlichen Gegenden das Hervortreten des weiblichen Wesens neben dem männlichen bemerkenswerth war, in den westlichen der männliche Gott allein mit seinem ganz eigenthümlich ausgebildeten Sagenkreis uns entgegentrat: zeigt sich dies auch bei diesen Gebräuchen. Theils heisst es nämlich geradezu von den Wesen, die wir bisher behandelt haben, vom

Wod oder der Fru Gaue, dem Helljäger oder dem Woe- oder Joëjäger, er ziehe besonders in den Zwölften, oder dann ziehe er an der Erde, sonst in der Luft und man müsse zu dieser Zeit die Thüren so viel als möglich zu-, sich überhaupt, besonders nach Sonnenuntergang zur Geisterzeit, zu Hause halten; theils hat sich die Erinnerung an den Einzug oder Umzug des Gottes oder der Göttin noch erhalten in den Strafen, welche der Aberglaube oft noch unter dem Namen derselben demjenigen androht, welcher die heilige Zeit durch Arbeit bricht[1]). Besonders ist es das Spinnen, vor dem man namentlich in den östlichen Gegenden um diese Zeit warnt. Auf Usedom sagt man, wenn der Flachs in den Zwölften vom Wocken nicht abgesponnen ist, »der Waud kümmt,« in Holstein »der Wod jage hindurch,« in Mecklenburg Frû Wôd, Frû Was, oder wieder mit dem Vorschlag des G Frû Gode, in der Priegnitz ebenso oder Frû Gôëd, de Gôdsche, Frû Gôdsche und dergl., in der nördlichen daran grenzenden Altmark endlich ähnlich, weshalb ich auch oben bei der Gruppirung in Betreff der Frû Gode als wilder Jägerin diesen Landstrich an die Priegnitz mit angeschlossen habe, ohne dass in ihm direct eine entsprechende Sage von der wilden Jagd bis jetzt nachgewiesen ist. In der Uckermark wird dasselbe nun von der Frick berichtet, während in der Mittelmark, wie schon oben erwähnt, dafür Frû Harke, Frû Herken, Frû Harfen, Archen, u. s. w. eintritt, die sich dann über die Elbgegen-

---

[1]) Die Belegstellen z. Folgenden s. Norddeutsche Sagen Geb. XIII. XIV., u. über den holsteinsch. Gebrauch Müllenhoff, Schlesw.-Holst. S. p. 168.

den und das Anhaltische bis Halle und den Harz hinzieht, wo noch einige Male der Name Frû Frîen oder Frû Frêke dann auftritt¹). Für den Namen Frû Harke, den J. Grimm auch M. p. 232 aus Jessen unweit Wittenberg beibringt, hat derselbe ausser Walthers Singul. Magdeb. 1737. P. XII. 768 noch ein altes Zeugniss angeführt, das über das Jahr 1418 hinaufreicht und erzählt, dass die alten Sachsen die Hera verehrt, ginge daraus hervor, dass zwischen Weihnachten und dem Epiphaniastage man sage, vro Here de vlughet, und glaube, sie gebe Ueberfluss an allen irdischen Gütern. Man kann die Genauigkeit des hier angeführten Namen, den Grimm für den ursprünglichen zu halten geneigt ist, bezweifeln, da der Schreiber darin die Hera wiederfinden wollte und von diesem Standpunkt aus den Spruch anführt, wie Entzelt in seiner Altmärkischen Chronik c. XXI. sogar die Hera in dem Ausdruck vom wilden Heer[!] noch wiedererkennen will: jedenfalls bestätigt die Notiz aber die ganze Vorstellung von der in den Zwölften ziehenden Gottheit, von der wir reden. Wie überall bei diesen Gottheiten aber bestimmte geographische Abgrenzungen eintreten, so scheidet sich Frau Harke auch anderseits scharf in der Spreegegend von der slawischen Murraue und im Südwesten von der thüringischen Frau Holle, welche beide dort an ihre Stelle treten²).

Der Name aller dieser Wesen hat sich aber in den Zwölften, wie erwähnt, namentlich bei dem Verbot erhal-

---

¹) Ueber Frau Harke und Frû Frîen vergl. ausser den Nordd. Sagen noch Sommer, Sagen aus Sachsen und Thüringen. Halle 1846, p. 168. Pröhle, Unterharzische Sagen. Aschersleben 1856, p. 208 ff.

²) Ueber den slawischen Character des Namens Murraue s. Kuhn in der Anmerkung zu den Nordeutschen Sagen p. 519.

ten, der das **Spinnen** untersagt. Und besonders characteristisch ist die Bezeichnung, dass, wo **Fru Gode, die Frick oder Fru Harke den Wocken nicht abgesponnen finden, zerzause sie die Mädchen oder besudle ihnen den Wocken in der derbsten Weise,** wobei man als eine Art Erklärung hinzuzusetzen pflegt, dass die Knechte oft auch, wenn sie in den Zwölften noch Flachs auf den Wocken fänden, Pferdemist hineinsteckten. Wie sich an diesem Verbot der Name der alten Gottheiten, wenn auch unverstanden natürlich, noch bis jetzt erhalten hat, so werden wir nachher noch sehen, dass der betreffende Aberglaube gerade in seiner rohen Form einen besonderen mythischen Gehalt hat, der, aus den Gewitteranschauungen entlehnt, erst mit der Gottheit auf die Zeit der Wintersonnenwende übertragen worden ist. Vom Spinnen ist übrigens in der angegebenen Weise weniger die Rede in den westlichen Gegenden, wo der männliche Gott, der Hackelberend oder Helljäger auftritt, doch finden sich auch hier noch oft Spuren dieses Verbots. Am meisten verbreitet sind aber noch folgende Aberglauben, welche sich alle darauf beziehen, diese Zeit heilig zu halten und keine Arbeit vorzunehmen. Wie man nicht spinnen soll, so darf sich überhaupt in den Zwölften **kein Rad drehen,** man darf weder Mist auskarren, noch ausfahren, sonst wird das Vieh während des folgenden Jahrs krank, oder man zieht sich die Wölfe in den Stall. Man darf ferner um diese Zeit nicht waschen; wer den »Tûn bekledt,« heisst es, wird den »Kerkhof bekleden;« man darf nicht flicken, sonst muss man es das ganze Jahr hindurch thun, oder, wenn es der Schäfer thut, werden seine Schafe lahm; wer backt, dessen Brod wird schimmlig u. s. w. Auch auf die Speisen erstreckt sich der Gebrauch; man darf z. B. nicht Erbsen essen, dagegen isst man allgemein in der Uckermark, namentlich am Weihnachtsabend, Grünkohl und »Schweinskopf,« wie schon oben berührt, das zum Wodan und der Frick in naher Beziehung stehende, hier wohl das der Göttin geheiligte Thier[1]). Man sieht schon aus diesem Wenigen, es sind zunächst noch dieselben strengen, gewaltigen Götter, wie sie in den Sagen auftreten, die ihre Zeit geheiligt wissen wollen und streng den Uebertreter strafen. Nur wer sie scheut und gehorsam ist, dem gedeiht im nächsten Jahre das Vieh, natürlich eine Hauptsache beim Landvolk; und mit solchen Zügen entwickelt sich dann anderseits der gütige und gnädige Character der Gottheit, der um so mehr sich entfalten konnte, als man überhaupt, wie schon erwähnt, die einziehenden Götter als Beherrscher des ganzen nächsten Jahres ansah. So meint man also noch heut, dass in den Zwölften der Kalender für's ganze nächste Jahr gemacht werde, d. h. wie das Wetter in den zwölf Tagen ist, so wird es in den zwölf Monaten; auch was man in den Zwölften träumt, trifft in den nächsten zwölf Monaten ein u. s. w. Manches erscheint auf das mit dieser Zeit zusammenfallende Weihnachtsfest oder auf unsern Neujahrsanfang übertragen, so stellt man z. B. in der Weihnacht das Viehfutter vor die Thür, weil man meint, das Vieh gedeihe dann, der umziehende Gott segnet es gleichsam ein, oder man

---

[1]) Nach dem geldrischen Aberglauben hält in der Christnacht „Derk mit den Beer" (Dietrich mit dem Eber) seinen Umgang. Grimm Mythol. 1844, p. 194.

nimmt mit den Bäumen in der Neujahrsnacht allerhand vor, das sogen. Anbinden, indem man sie mit einem Strohband umwickelt, damit sie im nächsten Jahr gut tragen u. dergl. m. Wenn man übrigens bedenkt, wie überall noch das alte Heidenthum in Glauben, Sitten und Gebräuchen hervortritt, so wird man auch nicht Anstand nehmen in dem Schimmelreiter, den man in vielen Gegenden Norddeutschlands noch zu dieser Zeit ausputzt, und mit dem Knecht Ruprecht oder dem Clas von Haus zu Haus ziehen lässt, dass er die Kinder beten lehre und beschenke, den alten Gott, der auf einem Schimmel einherzog, wiederzufinden, wenn er auch natürlich bei der Berührung mit dem christlichen Hochfeste den Character des christlichen Weihnachtsmanns, des heiligen Christ, angenommen hat[1]).

Die ganze Zeit endlich der Zwölften, des Umzugs der alten Götter, hat dem Aberglauben zufolge etwas Geheimnissvolles und erzeugt einen geheimen Schauder. Im Mecklenburgischen vermeidet man es, die Thiere bei ihrem richtigen Namen zu nennen, statt »Fuchs« sagt man »Langschwanz,« statt »Maus« »Bönlöper« (Bodenläufer) u. s. w., fremden Thieren ist um diese Zeit nicht recht zu trauen, da die »Hexen« oft deren Gestalt annehmen und sich so in die Häuser einschleichen. Diese bilden also hier gleichsam das Gefolge der einziehenden Gottheiten, wie sie auch sonst in enge Beziehung zu ihnen treten, in einem Märchen z. B. sogar die alte Frick geradezu noch selbst als böse Hexe mit ihrem

---

[1]) Siehe Norddeutsche Sagen unter Weihnachten und Kuhn's Anm. dazu.

Zauberstab erscheint¹) und die ganze Natur, auch die Thierwelt, ist um diese Zeit zauber- und geisterhaft erfüllt. Dazu stimmt auch der Zug, welchen ich noch jüngst im Barnim hörte, dass wenn man in den Zwölften während des Zwielichts durch das Fenster in eine Stube sähe, man alle diejenigen erkennen könne, welche im nächsten Jahre stürben, sie sähen dann ganz gelb und schon ordentlich vergangen aus. Wie sonst nämlich das wütende Heer, das Analogon der wilden Jagd, als ein Geisterheer auftritt, so erscheinen bei diesem Umzuge in den Zwölften diejenigen, die da demnächst sterben sollen, schon halb in dasselbe aufgenommen. — Dass dieses Zwölften-Fest übrigens, wie wir oben ausgesprochen, eine Art Vorfrühlingsfest gewesen sei, darauf deutet ausser der ganzen Bedeutung der Zeit selbst auch noch u. A. der Aberglaube, dass man meint, der Hopfen grüne in der Weihnacht und käme auch unter dem tiefsten Schnee hervor, dass man ferner, wie oben erwähnt, Hülsenfrüchte vom alten Jahr ausdrücklich meidet, hingegen Grünkohl, das einzige frische Grün zu dieser Zeit, isst, daneben Körnerreiches, wie die sogen. Mohnpielen und roggenreiche Fische, damit man Segen hätte im nächsten Jahr; vor Allem aber beweist dies gleichsam eine Wiederkehr der Zwölften am wirklichen Frühlingsanfang, in den ersten zwölf Tagen des Mai, wo man allgemein annimmt, dass dann die Hexen, welche auch ursprünglich nichts anders als Luftgeister gewesen sind, nach dem Bloksberg ziehen, um den Schnee wegzutanzen, wie man es noch heut zu Tage am Harz ausdrückt²). Ist doch überhaupt der ganze Hexenzug

---

¹) S. Norddeutsche Sagen M. I.
²) Ueber die Parallele beider Feste vergl. Kuhn in Haupt's Zeit-

dann nichts Anderes als unsere wilde Jagd nur als ein grosser Festzug mit Tanz und wilder Musik, Buhlschaft und dergl. gedacht, wie ja auch bei den Griechen das Treiben der Wind- und Wolkengottheiten namentlich in den Frühlingsgewittern ähnlich aufgefasst wurde. Ich habe diese ganzen Vorstellungen im Ursp. d. Mythologie p. 221 ff. umfassender behandelt, und wenn ich bei der Sage von dem grossen Bock, der sich zuletzt dabei selbst verbrennt, in Parallele zu nordischen Mythen, an den Thor mit seinen Gewitterböcken dachte, so erinnert es anderseits an die oben von mir neu mitgetheilte Sage vom riesigen wilden Jäger und dem kleinen Blitzkerl, wenn wir anderseits am Harz hörten, zu Wolpernabend tanze der grosse Riese mit den kleinen Zwergen[1]). Stellt es sich doch auch zu der erwähnten mecklenburgischen Sage dann, nur mit einer gewissen Erweiterung der Anschauung, wenn nach einer holsteinischen von Mühlenhoff p. 372 f. mitgetheilten Sage der Wod überhaupt die gelbhaarigen Unterirdschen im Gewitter jagt, da wir hierin nur eine Vervielfältigung der Gewitterzwerge erkennen können, so dass bei dem grossen Maifest und Hexentanz es ganz natürlich war, wenn der Gewitterriese

---

schrift V., p. 483 sq. — Wenn ich in dem angezogenen Aberglauben die Hexen, welche zum Frühlingsanfang den Schnee von den Bergen tanzen, als Windgottheiten fasse, so bestätigt noch manches Andere diese Ansicht, so z. B. dass sie meist auf Besen durch die Luft dahin fegen, als Wettermacherinnen auftreten u. dgl. m. — Weil man ihnen aber besonders Zauberei zuschrieb, und diese dann auch von Menschen ausgeübt glaubte, sanken die Sagen von ihnen im Laufe der Zeit immer mehr in die menschlichen Verhältnisse hinab, so dass nur noch in einzelnen Spuren jener Ursprung hindurchblickt.

[1]) Nordd. Sagen Geb. 31.

dann auch mit jenen Zwergen in den Blitzen und Donnern tanzend und stampfend gedacht wurde, gerade wie Nonnus Dionys. II. 477 von den *κεραυνοῖς* sagt:

αἰθέρος ὀρχηστῆρες ἐβακχεύοντο κεραυνοί[1]).

Wodan, Frick und Frau Harke in ihrer Beziehung zur Sonne.

Wir haben im Vorhergehenden in den an das Gewitter sich knüpfenden Vorstellungen ein männliches und ein weibliches Wesen dem Glauben gemäss in selbstständiger Gestaltung erwachsen, und sich in den verschiedensten Erscheinungen des Naturobjects offenbaren sehen. Sturm und Windsbraut waren der Ausgangspunkt der Anschauung; Wolken, Regen, Blitz und Donner galten als Momente in ihrer lebendigen Action. Während sie aber dabei in diesen Scenerien und Sagen als zu Zeiten verwünschte und verzauberte Wesen galten, so traten ebendieselben Wesen in den Gebräuchen mit entwickelterem, göttlicherem Character und in deutlicher Beziehung zur Sonne auf. Wie ist aber diese Vermittelung, dieser Uebergang der Gewittergottheiten in Sonnengötter zu fassen, das ist die Frage, welche wir schon bei den Gebräuchen aufwarfen, und an deren Lösung wir jetzt gehen wollen. Dabei werden uns eine Reihe von Mythen den Weg zeigen, die theils an die besprochenen Göttergestalten direct anknüpfen,

---

[1]) Vergl. Ursp. d. M. p. 201 über eine ähnliche Scenerie vom Hephaestos. Ueber das Gewitter als bachantischen Aufzug Ursp. d. M. p. 134. 181.

theils sich in Anschauungen verwandter Art bewegen, und ganz unverkennbar die Sonne in ihren Kreis hineinziehen.

Zunächst treten nämlich in den schon behandelten Mythen zwei Momente hervor, in welchen deutliche Beziehungen zur Sonne liegen, die sie aber noch als ein von jenen Gewittergottheiten gesondertes Wesen darstellen, ja sogar sie in eine Art von Gegensatz zu jenen stellen. Es ist nämlich eine uralte Vorstellung, die Sonne mit ihren Strahlen als eine himmlische Spinnerin anzusehen oder, genauer ausgedrückt, die Sonne selbst als eine himmlische Spindel. Nun haben wir oben p. 66 f. in der Hackelbergssage es gehabt, dass, als des Gottes Wolkenhunde Spinnerinnen antreffen, sie sich schütteln, dass der Regen herabtrieft. Wenn es da nach allem Anderen noch zweifelhaft sein könnte, dass diese Spinnerinnen der Sage irdische Substitute der himmlischen Sonnenspinnerin sind, so tritt der andere bei den Gebräuchen erwähnte Aberglaube entscheidend ein, dass wo der umziehenden Frick oder Frau Harke ein Wocken unabgesponnen aufstösst, sie ihn mit ihrem Koth besudele, oder der Wodan hindurchfahre. Denn nun passt es recht eigentlich zu der ursprünglichen Scenerie am Himmel, wenn ich (Urspr. d. M. p. 240 Anmerk.) dieses Besudeln des Wocken zu dem stinkenden Schwefelgeruch des Blitzes gestellt habe, der auch an der Keule haftete, welche der Gott schleudert, oder anderseits den Gewitterteufel mit ähnlichem Gestank meist auftreten lässt. Bestätigt wird diese ganze Auffassung noch durch andere Versionen desselben Mythenkreises, denen gemäss in anderen Gegenden Deutschlands die unserer Göttin analoge Frau Berchtha in ähnliche feindliche Beziehung zu Spinnerinnen, also, wie ich es jetzt fasse, ursprünglich zur Sonne, steht. Wenn sie auf ihrem Wege eine Spinnerin trifft, heisst es u. A., werfe sie derselben eine Spindel zum Abspinnen hin, wie es anderweitig auch vom Teufel erzählt wird. Ich habe a. a. O. p. 245 und Anmerk. das. dies auf eine Vorstellung zurückgeführt, der zufolge man meinte, dass im Blitz eine Spindel geworfen werde, und habe auch noch andere Beispiele dort von der feindlichen Beziehung dieser Frau Berchtha zu der Spinnerin, die sie auf ihrem Wege antrifft, beigebracht; ich füge aber jetzt noch ein neues, characteristisches hinzu, was Woeste in seinen Volksüberlieferungen aus der Grafschaft Mark, Iserlohn 1848 p. 23 mittheilt, indem den zu heiliger Zeit, d. h. beim Umzug der Gottheit Spinnenden mit »Berchtha mit der blauerigen (blutigen) Hand« gedroht wird. Aehnliches bringt Kuhn, Westph. I. p. 61 bei, und stellt die betreffenden Aberglauben daselbst zusammen. Ich finde nämlich in der blutigen Hand der Göttin noch in's Besondere den deutlichen Hinweis auf die rothe Hand, mit welcher die Gewittergöttin im rothen Blitz ihre Spulen zu werfen scheint, gerade wie der römische Jupiter auch mit rother Hand (rubente dextera) seine Blitze schleudert[1]).

Wie aber die zuletzt erwähnten Aberglauben an andere heilige Zeiten anknüpfen, z. B. die Fastnachtszeit, oder recht characteristisch am Donnerstag Abend (s. Kuhn a. a. O.) das Spinnen untersagen oder so bestraft wissen wollen, so sprechen die alledem zu Grunde lie-

---

[1]) Horatius Od. L 2, 2 sq.

genden Anschauungen deutlich dafür, dass die vom Wod, der Frick oder Frau Harke zur Wintersonnenwende angeführten, analogen Züge nur später erst auf diese heilige, aber gewitterlose Zeit übertragen sind, als inzwischen andere Umstände den Hauptumzug oder Einzug der betreffenden Götter in diese Zeit verlegt hatten, d. h. eben die angedeutete Entwicklung dieser Götter zu Sonnengöttern.

Nun finden wir aber neben jenen Zügen, welche ursprünglich die Sonne gleichsam nur als ein leidendes Object im Gewittertreiben darstellen, eine ganze Classe von Sagen über Deutschland verbreitet, in denen sie als ein himmlisches Wesen ähnlicher Art wie die Gewittergottheiten auftritt, d. h. die Sonne in den Gewitterkreis einzurücken und damit in die sich daran knüpfenden Anschauungen überzugehen scheint. Dabei erscheint sie neben der Auffassung einer Spinnerin als ein schönes Weib gedacht, welches umgeht, und ihre langen, schönen, goldgelben Haare strehnt, was, wie auch Mannhardt es schon bei der nordischen Göttin Sif, des Donnergotts Thor Gemahlin, gedeutet hat, ebenfalls auf die Sonnenstrahlen nur in einer andern Fassung dieses Naturobjects gehen dürfte[1]. Ich hatte beide Anschauungen schon (Urspr. d. M. p. 144 u. 245 ff.) in ihrem Hinüberspielen in das Gewitter nachgewiesen, und dabei den Blitz als die geworfene Spindel oder die fliegenden, goldenen Haare der Wolkengöttin, welche

---

[1] „Ich vermuthe, dass Sifs Goldhaare die Sonnenstrahlen sind, welche der böse Dämon des Wolken- und Winterdunkels raubt, abschneidet." Mannhardt, die Götter der deutschen und nordischen Völker. Berlin 1860 I. p. 315.

im Gewitterbade gekämmt werden, gedeutet. In meinem neuerscheinenden Buche: »Ueber die poetischen Naturerscheinungen der Griechen u. s. w.« halte ich dabei aber doch die Sonne mit ihren Strahlen als Ausgangspunkt beider Anschauung fest. Nun liefert gerade die Mark Brandenburg mehrere höchst interessante Sagen von einer weissen Frau, die umgeht und erlöst sein will, und bei der das oben erwähnte Kämmen der langen, schönen Haare oder das goldene Spinnrad hervortritt. Wenn dies also die Sonnenjungfrau ist, so rückt sie in allen den Sagen, die von ihrer versuchten Erlösung erzählen, deutlich in die Gewitterscenerie über. Man sieht, wie sich die Vorstellung entwickelt hat, dass an ihr eine Verwünschung vorgegangen, der gegenüber der Versuch einer Erlösung tritt. Jacob Grimm hat die von uns in den Märkischen Sagen hierher gehörigen gesammelten Sagen unter dem Capitel »Von der weissen Frau« aufgenommen, findet aber p. 920 in dem Zug mit der Erlösung eine durch das Christenthum vorgenommene Umwandlung der alten Göttergestalt. Ich finde aber umgekehrt darin, wie oben in dem finstern Character der wilden Jagd- und der Hexengeschichten, den ursprünglicheren, roheren, noch eng an die Natur sich anschliessenden Character einer alten heidnischen Gottheit. Ich glaube diese ganze Verwünschung und Erlösung auf Folgendes etwa zurückführen zu können.

Wie wir noch jetzt bei regnerischem, windigem Wetter die Redensart hören: »Es ist ein verwünschtes, verfluchtes Wetter: »d. h. eins, das den Eindruck des Verwünschten macht, so lag bei den sonstigen mythischen

Uebertragungen irdischer Verhältnisse auf himmlische die Vorstellung nahe, dort oben hätte wirklich eine Verwünschung stattgefunden, durch welche wie durch einen Zauber der klare Himmel und die klare Sonne mit Nacht und allen den Schrecknissen umgeben worden, die ein Gewitter mit sich zu bringen pflegt. Anderseits freilich schien die Erlösung, wie viele Sagen zeigen, dann nicht vollständig im schwindenden Gewitter vor sich gegangen zu sein, denn die Sonne schien ja immer wieder zum ewigen Umgang verurtheilt. Ja dieser Zustand scheint auch schon an und für sich als die Folge einer Verwünschung eingetreten zu sein, wie in analogen griechischen Mythen das Sonnenwesen zeitweise, d. h. während des Sommers, aus einem oberen Himmel verstossen gedacht wurde; und wie dieses sich in den Gewitterkämpfen des Herbstes den Zugang zu jenen höheren Räumen zu erkämpfen schien, so scheint auch im deutschen Glauben das Gewitter ebenso als eine versuchte Erlösung dieses zum ewigen Wandeln verurtheilten Wesen gefasst zu sein[1]). Es giebt nämlich noch selbstständige Sagen, welche von einer Jungfrau reden, die in einer Kirche hinge und verwünscht sei »ewig zu leben,« die ursprünglich auf die Sonne in einer derartigen Auffassung hinzudeuten scheinen[2]), wie denn auch die ganze entwickelte Ansicht sich in einem von Tegnér verfassten

---

[1]) Ueber die erwähnte griech. Vorstellung s. zunächst Ursp. d. M. p. 148 ff.

[2]) Nordd. Sagen S. 72. Alljährlich an einem Tage zu Johannis oder am ersten Tage des Jahrs soll sie mit einer Oblate oder einem Helling Semmel gespeist werden.

Gedicht an die Sonne in den Hauptsachen reproducirt findet, wenn er sie als eine Jungfrau mit goldgelbem Haar schildert, die Gott hinausgestossen hat in die Wüste und ihr aufgelegt, ewig so zu wandeln, bis doch mal einst ihre Erlösungsstunde schlagen würde.

 Wird dein Fuss denn nicht müd' — heisst es —
 Auf dem einsamen Gang?
 Wird der Weg ihm nicht lang,
 Den so häufig er zieht?
 Schon viel tausend Jahr'
 Kamst du wieder den Pfad,
 Nicht die Ewigkeit hat
 Dein goldgelbes Haar
 Gebleicht. —

Und weiter heisst es dann von ihrer schliesslich doch zu hoffenden Erlösung:

 Deiner Prüfungen Bahn
 Ist geschlossen, und nah'n
 Darfst du ewigem Licht!
 Versöhnet und warm,
 Wie ein Kind in dem Arm,
 Nahm der Ewige nun
 Dich, fürder zu ruhn.

Gerade diesen Zustand einer solchen oft im Gewitter versuchten und erwarteten Erlösung zeigen nun die meisten noch im Volke fortlebenden Sagen von der Erlösung der weissen Frau und erst als eine entwickeltere Stufe müssen wir es bezeichnen, wenn, wie z. B. in der Dornröschen- und Brunhild-Sage das himmlische weibliche Wesen dauernd wieder erlöst dargestellt wird. Die Sage bewegt sich dann nicht mehr innerhalb eines Gewitters, sondern es tritt, wie bei der Hackelberg-Sage, offenbar die Anschauung hervor, dass das betreffende göttliche Wesen in einem gewissen Gegensatz zu den vorher erwähnten griechischen Vorstellungen in den Herbstwettern verwünscht und in diesem Zustande den Winter über verharrt sei, bis es in den Frühlingswettern seine Erlösung gefunden habe. Bei dieser Auffassung ist die Sonne nicht mehr als ein zum ewigen Umgang verdammtes, weibliches Wesen, sondern schon offenbar in göttlicherer Beziehung zum Sommer gefasst worden.

Ist diese skizzirte Entwickelung richtig, so war es natürlich, dass das weibliche Gewitterwesen, was, wie wir oben p. 64 f. gesehen, nach den sieben Wintermonaten in der einen Sage auch seiner Erlösung harrte, mit dem weiblichen Sonnenwesen, was in den Frühlingswettern auch erlöst zu werden schien, je mehr sich die Gestalten göttlicher entwickelten, zu einer Gestalt zusammenschmelzen konnte, während in anderer Entwicklung verschiedene Gestalten daraus entstanden. Die erst der Sonnenspinnerin begegnende Gewittergottheit fiel dann in der Scenerie vollständig mit ihr zusammen, gerade wie im christlichen Mittelalter bei reproducirter Naturanschauung die Jungfrau Maria als Himmelskönigin oft die Sonne bezeichnet, dann aber auch in den Blitzen und Donnern ihre goldenen Kugeln wirft oder mit sprühenden Blitzrossen einherfährt[1]).

---

[1]) Mannhardt Germ. Mythenf. p. 448 sagt: Maria erscheint hier ebenso als Wolken- und Gewittergöttin Holda, wie in folgendem Kinderreim aus Tyrol, den ich Zingerle's Mittheilung verdanke:

Mit dieser Verschmelzung der Gewitter- und Sonnengöttin hängt dann auch der Zug wohl zusammen, dass dieses Wesen bald als alt, bald als schöne Jungfrau erscheint, wie wir ja bei den Gewitterwesen auch vielfach den Character des Alten ausdrücklich hervortreten sahen, während das Jugendliche ganz natürlich namentlich zu der erlösten Frühlingssonne passt.

Diese meine Ansicht wird noch durch ein anderes Gegenbild bestätigt. Der weiblichen Sonnengottheit, welche im Winter verwünscht ist, stelle ich als Analogon ein männliches Sonnenwesen gegenüber, welches im Winter im Wolkenberge verzaubert erscheint, und in seinen Sagen ebenso die Beziehung auf das Gewitter zeigt. Der verwünschten Prinzessin steht nämlich gegenüber der verzauberte Kaiser, mag er nun für Kaiser Otto, Heinrich, Friedrich u. s. w. gelten[1]). Es ist aber dann

---

> Es donnert und blitzt;
> Im Himmel droben sitzt
> Die Mutter des Herrn,
> Hat goldene Kern,
> Hat goldone Kugeln,
> Sie glitzen und blitzen,
> Die Engel thun lachen,
> Die Kugeln thun fallen,
> Die Mutter Gottes thut suchen,
> Die Waben thun fluchen,
> Geh schnell fort,
> Sonst trifft sie dich — todt.

Ueber das Einherfahren der Jungfrau Maria im Gewitter s. Urspr. p. 166.

[1]) Ueber die bergentrückten Helden s. Grimm, M. p. 903. Nordd. Sagen S. 247. 208. Für das analoge, weibliche, im Berge hausende Wesen hat Kuhn die betreffenden Anschauungen entwickelt in seinem Aufsatz über die weisse Frau in Wolf (Mannhardt's) Zeitschrift f. M. III. 368 ff. vergl. Mannhardt, Germ. Mythenf. u. A. p. 285.

wieder der Sonnengott, wenn er mit den Augen zwinkernd geschildert wird oder ab und zu erwacht und fragt, ob seine Zeit schon wiedergekommen. Ich beziehe es nämlich mit einer andern, als oben bei den weiblichen Wesen entwickelten Anschauung von der Sonne, auf das ab und zu matt im Winter blinzelnde Sonnenauge, wie auch in der schon oben erwähnten Stammsage der Longobarden ein deutlicher Hinweis sich auf die Sonne als Wodan's Auge findet. So ist also auch dieses göttliche Wesen im Winter verzaubert, bis auch seine rechte Erlösungsstunde in den Frühlingswettern schlägt, und er dann als ein kriegerischer Wodan losbricht, um im Donnerwaffenklang eine bessere Zeit der Welt zu bringen.

In solchen Phasen der Anschauung scheint eine Verschmelzung, hier der weiblichen, dort der männlichen Gewittergottheit mit der Sonne im Lauf der Zeiten stattgefunden zu haben, und so erkläre ich es, wenn die alten Gewittergötter zu Sonnengöttern wurden. —

Sagen von der weissen Frau.

Wir haben in dem vorhergehenden Capitel von einer weissen Frau als der Sonnenfrau geredet; die Mythen aber zeigen, dass daneben immer eine Mehrheit von weissen Frauen gestanden, eben die Wolkengöttinnen, die z. B. der wilde Jäger nach einer Sage auch verfolgen sollte, d. h. die Wolken im Allgemeinen, welche der Sturm vor sich herjagt. Wie sie in den oben p. 48 aus Niederhöfer erwähnten Mecklenburgischen Sagen sich mit den am Himmel heraufgekommenen Untererdschen berühren, (s. weiter unten) sich Backgeräth borgen, d. h. ähnlich wie die Hexen wirthschaften, welche im Gewitter brauen, so erscheinen sie in den Bayrischen Sagen als eine Art himmlischer Wäscherinnen, die dann im lichten Gewölk nach dem Regen ihre Wäsche aufgehängt haben oder im hellen Mondschein ihr schönes Linnen bleichen. Diese Deutung der betreffenden von Panzer gesammelten Sagen (s. I. p. 278 f.) findet ihr Analogon in dem Litauischen Glauben, nach welchem am Donnerstag Abend die Laumes, d. h. die Hexen ihre Wäsche bläuen, dass es fürchterlich anzuhören[1]), was ebenso auf den bei der himmlischen Wäsche stattfindenden Gewitterlärm geht, wie wenn die deutschen Hexen bei ihren Festen sich u. A. mit Schwingen und Mandelhölzern schlagen,[2]) oder man am Steinhudersee noch jetzt, wenn es donnert, wohl sagt: use Herrgott mangelt[3]).

Diese angedeutete Vielheit der weissen Frauen, in der sie sich mit den Hexen berühren, darf man mit Recht als die ursprünglichere ansehen, indem die mit der mythischen Anschauung verbundene Beobachtung natürlicher Weise immer mehr auf eine einheitliche Fassung hindrängte. Aber auch selbst innerhalb der Sagen von einem We-

---

[1]) Vergl. Schleicher, Litauische Märchen. Weimar 1857. Zu der aufgestellten Deutung stimmt es, wenn mit verkehrt gebundenen Bastpeitschen unter die Laumes geschlagen wird, um sie zu verscheuchen, und sie dann ihre Waschbläuel verlieren. p. 95 f. Es geht auf das Blitzpeitschen, welches plötzlich unter die himmlischen Wäscherinnen fährt.

[2]) Ursp. d. M. p. 223.

[3]) Kuhn, die Herabkunft des Feuers u. s. w. p. 14.

sen tritt uns noch immer eine zwiefache Beziehung hervor, bald auf die Sonne, bald auf die Wolke mit den sich daran reihenden Himmelserscheinungen. An die Wolken- und namentlich Gewittergöttin, wie sie Kuhn für die indogermanische Mythologie des Ausführlichen in seinem Aufsatz über die weisse Frau (in Wolf (Mannhardt's) Zeitschrift f. d. M. III. p. 368 ff.) entwickelt hat, habe ich zunächst anzuschliessen, wenn das betreffende himmlische Wesen als eine Art himmlischer Schaffnerin, gleichsam ein weiblicher Petrus, mit einem Schlüsselbunde umgehend gedacht wird. Kuhn bezieht den Schlüssel auf den Blitz, der die Wolken erschliesst, ich möchte die Vorstellung gerade eines Schlüsselbundes aber auch noch auf das Gerassel beziehen, das manche Donner zu machen scheinen, wie denn ebenfalls in den ursprünglich am Himmel spielenden Spukgeschichten das Kettengerassel neben dem rollenden Todtenkopf, der auch auf eine entsprechende Art des Donner geht, gerade eine ähnliche significante Rolle spielt. — Ebenso scheint die Sage von der weissen Frau, die als Ahnmutter berühmter Geschlechter galt (wie derartige sich auch direct vom Wodan als ihrem Ahnherrn ableiteten,) und die bei ausserordentlichen Veranlassungen sich zeigen sollte, auf die Wolkenfrau zu gehen, denn gerade ihr gelegentliches Auftreten bei Geburten oder Todesfällen deutet auf Ereignisse hin, welche man auch gerade im Gewitter am Himmel vor sich gehend wähnte[1]). Characteristisch zumal erscheint

---

[1]) Ueber die geglaubte Geburt im Gewitter s. Ursp. unter Gewittergeburt; in Betreff des Todes giebt schon Hackelbergs Tod selbst ein Bei-

auch in den griechischen Sagen die Gewitteralte, die Demeter, wie die auch im Gewitter spielende Thetis, als eine solche kinderpflegende Alte, nämlich des im Gewitter geborenen Kindes, wie auch anderseits dann ein finnischer Mythos in colossaler Anschauung das Stossen der Wolken im Gewitter geradezu als ein Hin- und Herwiegen des himmlischen Feuers in goldener Wiege auffasst[1]).

Eine Sage theilt Schambach und Müller p. 91 mit, welche in Betreff der Natur der weissen Frau noch eine besondere Perspective gewährt. »Eine alte Frau sitzt Abends,« heisst es »mit ihrem Manne bei sehr grosser Dunkelheit vor der Hausthür. Auf einmal wird es an einer Stelle sehr hell, und etwa zehn Schritte vor sich sehen die beiden eine schneeweisse Frau stehen. Diese fängt an zu klagen, dass sie schon hundert Jahre verzaubert sässe, und Niemand sie erlösen wolle. Die alte Frau wird bange und sagt zu ihrem Manne, er möchte doch hineingehen und die Thür verschliessen, doch er meint, »es habe nichts zu sagen.« Die Frau flüchtet schnell in's Haus hinein, fällt aber, als sie in die Stubenthür tritt, todt nieder. Der Mann, von Natur jähzornig und ein arger Säufer, geht jetzt auf die weisse

---

spiel. — Von der betreffenden Göttin als Ahnmutter handelt Grimm, Myth. 257, über die weisse Frau im Schlosse zu Berlin vergl. Hocker, die Stammsagen der Hohenzollern und Welfen. Düsseldorf 1857. Wenn aber auch diese Sage erst nach Berlin verpflanzt ist, so knüpft sich doch auch in der Mark und Mecklenburg oft genug die Sage von der weissen Frau gerade an alte Burgstätten und Klöster, ist also auch in dieser Hinsicht dem Lande nicht fremd.

[1]) Ursp. d. M. p. 236, vergl. 115, ferner unter Demeter und Thetis im Index.

Frau zu, um den Tod seiner Frau an ihr zu rächen. Da fängt es plötzlich an furchtbar zu donnern und zu blitzen, zugleich ist Alles, der helle Schein und die Jungfrau, verschwunden. Ein Birnbaum aber, der da stand, ist in tausend Stücke zersplittert. Der Mann aber hat, so lange er lebte, Abends vor dem Schlafengehen stets ein lautes Klagen gehört und ist bald darauf ebenfalls gestorben.« — Es ist dies eine in ihren Hauptmomenten höchst merkwürdige Sage. Die ganze Scenerie, der helle Schein, unter dem die Jungfrau auftritt, welche unter Blitzen und Donnern dann wieder verschwindet, bei dessen Leuchten der, welcher ihn und sie sieht, todt hinstürzt, erinnert an die altjüdische Vorstellung, dass die durch Blitz Getödteten den Herrn oder seinen Engel gesehen haben (s. Ursp. p. 280). Ist diese leuchtende Wolkengöttin, welche in einem den ganzen Himmel mit seinem weissen Schein erfüllenden Blitze sichtbar wird, vor Allem die weisse Frau in ihrer höchsten Potenz, in der letzten einheitlichen Entwicklung ihres Wesens, wie sie dann in der oberdeutschen Berchtha, der Leuchtenden, vor Allem auch im Namen ihre Repräsentantin gefunden hätte? Characteristisch stimmt dazu, wenn die nordische Hulla oder Huldra, die ebenfalls im Gewitter auftritt, ein blaues Kleid trägt, was ich schon Ursp. p. 134 auf dieses im Wetterschein des bläulichen Blitzes flatternde Wolkengewand bezogen habe.

Den Mittelpunkt freilich bildet in unseren Sagen von der weissen Frau besonders die in das Gewitter gleichsam einrückende Sonnenfrau mit Spindel oder schönem, goldgelbem Haar, die Jungfer oder verwünschte Prinzess, welche erlöst sein will, wie ein Paar Beispiele zeigen sollen[1]). Auf dem Schlossberg zu Biesenthal, heisst es z. B., zeigt sich gewöhnlich um Mittag, oft aber auch um Mitternacht, eine verwünschte Prinzessin, die geht ganz weiss gekleidet einher und hält ein goldenes Spinnrad in der Hand. Gar manchem ist sie schon dort erschienen, und so erging es vor mehreren Jahren auch einmal einem Gärtner. Dem trat sie einst um Mitternacht, als er eben in den Schlossgarten kam, entgegen, denn dahin hatte es ihn unwiderstehlich getrieben, da er schon seit mehreren Nächten immer dieselbe Stimme vernommen hatte, die ihm zugerufen, er solle auf den Schlossberg kommen. Er erschrak zwar anfänglich über ihre Erscheinung, allein als sie ihn gar beweglich bat, er möge sie doch zur Kirche tragen, die unweit des Berges liegt, fasste er sich ein Herz und nahm sie auf den Rücken. Wie er jedoch in die Kirchhofspforte eintritt, fährt ihm plötzlich ein Wagen entgegen, der ist mit kohlschwarzen Rossen bespannt, welche Feuer aus Maul und Nase speien, da fasst ihn jäher Schrecken und er schreit laut auf; im selben Augenblick verschwindet auch der Wagen, aber auch die Prinzessin entflieht mit dem Jammerrufe: »wieder auf ewig verloren!« Wie an die Stelle des wilden Jägers General Sparr u. a. getreten, so heisst es hier, die Prinzessin sei ein Fräulein von Arnim gewesen, weshalb sie aber umgehe, weiss

---

[1]) Wenn in den Niedersächsischen Sagen von Schambach und Müller sie oft mit goldenen Eimern oder bei Niederhöfer II. 238 mit einem goldenen Kamme erscheint, so widerspricht dies unserer Ansicht nicht, sondern beruht nur auf einer andern Anschauung.

man nicht, da sie, die letzte Erbin ihres Stammes in Biesenthal, doch sehr mildthätig gewesen sein soll[1]). Neuerdings erzählte mir jemand in der Gegend, die weisse Frau liesse sich auch oft als ein altes Mütterchen sehen. So wird auch von der weissen Frau an dem Schlossberg bei Freienwalde erzählt, dass sie sich oft in verschiedener Gestalt habe sehen lassen und zu den Leuten gekommen sei, bald als Bettler, bald als kleiner Junge. Zwischen dem Schlossberg und dem Räuberberg, da wo das sogenannte klingende Fliess sich befindet, in welchem eine Glocke versunken ist, die man zu Zeiten noch klingen hört, namentlich so um Johannis, hat sich die weisse Frau besonders oft sehen lassen. »Das war überhaupt,« setzte der Erzähler hinzu, »eine schlimme Gegend, als da noch die alte Strasse entlang ging, und mancher hat sich da festgefahren und sich erst durch ein schweres Donnerwetter (einen Fluch) gelöst.« Mal hat nun einer es schon unternommen, die weisse Frau den Berg hinauf zu tragen, um sie zu erlösen. Wie er eine Strecke schon mit ihr hinaufgewesen, da ist es ihm plötzlich gewesen, als würde dicht vor ihm ein Baum geschlagen und fiele auf ihn. Weil aber die weisse Frau ihm Alles vorhergesagt hat, wie es kommen würde, ist er ruhig weitergegangen. Nun ist aber die Schlucht hinunter ein grosser Heuwagen gekommen, und wie er dicht herankam, war es ihm als würde er umschlagen und über ihn fallen. Da überfiel ihn doch solche Angst, dass er mit einem Fuss aus dem Wege

---

[1]) Märkische Sagen. S. 165.

trat und sofort war Alles verschwunden; »weil er sich hatte irre machen lassen,« setzte der Erzähler hinzu¹).

Wie die weisse Frau zu Biesenthal sich besonders zu Mittag oder Mitternacht sehen lässt, hat man auch die weisse Frau bei Niederfinow, an der Niederfinowschen und Lieper Grenze oft des Mittags zur Austzeit oder um Johannis herum, sowie des Nachts beim hellen Mondschein wanken sehen. Oft ist sie da früher auch zu den Hirten gekommen, oder als eine grosse weisse Frau von der Schmolitz — einem Walde — die Schlucht hinunter nach der Lieper Grenze gegangen. Manchmal hat man sie auch auf den Zakken der Bäume oben an der Schmolitz entlang laufen sehen; mal sah sie, heisst es, einer so gegen die Sonne, da sah sie ganz roth aus²).

Um Johannis lässt sich wieder besonders die Prinzessin am Teufelssee bei den Müggelbergen sehen und kämmt dann ihr langes, schönes Haar³), zuweilen kommt sie auch als ein altes Mütterchen aus dem Berge hervor, wo ihr Schloss sein soll. Mal hat sie einer erlösen wollen und zu dem Zweck dreimal um die Kirche herumtragen, aber sich dabei nicht umsehen, überhaupt nicht stören lassen sollen. Unterwegs ist ihm allerhand Gewürm in den Weg gekommen, Schlangen und dergl.; die Prinzessin hat ihm aber gesagt, er solle sich nur dadurch nicht irre machen lassen, sondern ruhig darauf treten, das thäte ihm nichts. Schon hat er sie fast dreimal um die Kirche getragen,

---

¹) Mündliche Mittheilung. ²) Mündliche Mittheilung.
³) Als goldgelbes oder blondes Haar tritt es u. A. auf bei Grimm, M. 918. Schambach und W. Müller S. 107.

trotzdem sie immer schwerer geworden, da ist es ihm plötzlich gewesen, als stände ganz Köpnick in Flammen. In der Angst hat er sich umgesehen; sofort ist Alles verschwunden gewesen, er selbst hat aber einen furchtbaren Schlag bekommen, dass er betäubt zusammengestürzt. Einem Andern, den es gerufen, und der es versucht, dem es aber auch missglückt sein soll, ist unter andern Schrecknissen ein grosser Heuwagen, mit vier Mäusen bespannt erschienen, ähnlich wie in der Freienwalder Sage; das ist ihm so grausig vorgekommen, dass er sich umgesehen hat, worauf Alles verschwunden ist[1]).

Derartige Sagen sind über ganz Deutschland verbreitet, wenn aber sonst meist ein grosser Hund mit feurigen Augen oder Schlangen der Erlösung der Jungfrau hinderlich sind, und dies auf den Sturmeshund mit den Blitzaugen und die Gewitterschlangen geht,[2]) so weisen die erwähnten Sagen nicht minder auf das Unwetter hin. Die furchtbaren Erscheinungen desselben scheinen die Hindernisse und Gefahren zu bezeichnen, welche der Erlösung im Gewitter entgegenstehen, gerade wie in der oben erwähnten griechischen Sage der aus dem obern Himmel im Frühling ausgestossene oder gekommene Sonnenheld in den Herbstwettern wieder die schwersten Kämpfe zu bestehen hatte, um dorthin zurückzukehren. Das Herumtragen um die Kirche, das Hinauftragen der Prinzessin auf den Berg beziehe ich auf das am Horizont oder zwischen den Wolkenbergen herumziehende Wetter. Noch ist Alles still, noch

---

[1]) Märkische Sagen S. 111 und neuere mündliche Mittheilung.
[2]) Ursp. u. A. p. 65.

scheint die Erlösung zu gelingen, einzelne Blitzesschlangen oder ein Schlag, wie von einem stürzenden Baum, oder andere furchtbare Erscheinungen scheinen noch nichts zu thun, da scheint, wenn das Wetter einschlägt, Alles zusammenzustürzen, der ganze Himmel in Flammen zu stehen und mit entsetzlichem Krachen oder tönendem Klageruf versinkt Alles, die gehoffte Erlösung ist vereitelt! Als besonders characteristisch erscheinen grade in der Köpnicker-Sage noch die Schlangen, wie auch in der Bernauer-Sage von der Windsbraut, Schlangen und andere feurige Ungethüme diese verfolgen, eine ganz gewöhnliche mythische Auffassung der Blitze[1]). Wenn aber die Erlösung der Prinzessin in Deutschland zu Johannis, wo namentlich oft die Gewitter sich häufen, gesetzt wird, so dürfte auch anderseits schon ihr einfaches Erscheinen im Hochsommer zu Mittag und zum hellen Mondschein gerade noch auf die vollste Entfaltung des Sonnen- und Mondlichts mit seinen Strahlen als die characteristischste Erscheinung der himmlischen Frau mit ihrem Goldhaar oder gesponnenen Sonnen- oder Mondfäden hindeuten. Denn dass derartige Vorstellungen neben vielen anderen Bildern an beide Himmelskörper sich in gleicher Weise angeknüpft, machen andere Sagen wahrscheinlich, wie denn auch der Zug der Sage, welcher oft die Göttin als halb weiss, halb schwarz oder bald als weiss, bald als schwarz darstellt,[2]) die Beziehung auf eine derar-

---

[1]) Märkische Sagen S. 167. Ueber die mythol. Bedeutung der Schlangen s. Ursp. d. M.

[2]) z. B. Märkische Sagen S. 99. Vergl. Panzer in seinen Bayrischen Sagen.

tige himmlische Tag- und Nachtgöttin hindurchblikken lassen dürfte. Denn nicht von einem einheitlichen Mittelpunkt aus schuf man die Glaubensbilder, sondern umgekehrt knüpften sich an die Erscheinungen Vorstellungen, welche, wie sie auf verschiedene Personen übertragen werden konnten, so dieselbe Person, also hier die himmlische Wolkenfrau, verschieden konnten ausgestattet erscheinen lassen, gerade wie auch die Jungfrau Maria nicht bloss als Sonnen-, sondern auch als Nachtgöttin gefasst und so auch schwarz dargestellt wurde.[1] Ist dies letztere richtig, dann dürfte auch die Johanniszeit noch eine andere Beziehung ursprünglich daneben für die Erlösung der himmlischen Jungfer gehabt haben, indem je länger die Tage wurden, sie immer lichter zu werden und der Erlösung näher zu kommen schien, bis mit dem kürzer werden derselben die Hoffnung auf eine solche trotz aller Versuche in den Sommerwettern wieder auf lange Zeit verschwunden war.

Das Geistervolk: Unterirdische, Nixen, Kobolde, Mahrten, Drak u. s. w. Aberglauben und Gebräuche.[2]

Neben den Ueberresten der Grundlage der grossen Göttergestalten treten in den Sagen noch verschiedene mythische Elemente anderer Art hervor, welche ich wenig-

---

[1] Grimm, M. 289. Anm. **

[2] Die Belegstellen zu den im Folgenden gegebenen Ausführungen finden sich, wo nicht besondere Citate gegeben, in meinem Buche über den Ursprung der Mythologie.

stens kurz andeuten will. Ueberall zeigt der Ursprung dieser Vorstellungen auf die am Himmel hervortretenden Erscheinungen hin, während in der Tradition selbst Alles irdisch localisirt erscheint. Da weiss man zuerst noch zu erzählen von den sogenannten Unterirdischen oder Zwergen. Es wurzeln diese Sagen in dem schon oben p. 45 berührten Glauben, dass im Gewitter viele kleine, zwerghafte Geister am Himmel ihr Wesen trieben, und indem man sie nun im Unwetter erst heraufkommend wähnte, sahe man als ihre eigentliche Heimath den Raum unter der Erde an, und nannte sie Unterirdische, gerade wie bei den Griechen, wie ich nachgewiesen habe, die unterirdischen Gottheiten auch ursprünglich Gewittergottheiten sind. Von diesen Zwergen heisst es nun bald, dass sie sich übersetzen lassen im Wolkenschiff, wie wir es bei der Frau Harke gesehen; ihre Nebelkappen, welche sie unsichtbar machen, sind ebenfalls die Wolken; das Fährlohn werfen sie in den Kahn, und es wandelt sich in Gold, wie bei der Ueberfahrt der Frau Harke; auch hier geht es auf die blinkenden, fallenden Blitze. Dann verfolgt die Unterirdischen der wilde Jäger in einer von Müllenhoff mitgetheilten holsteinischen Sage, die ich schon oben p. 93 erwähnt habe, gerade wie in dem oben ausführlicher behandelten Mythos er den einen Gewitterzwerg jagt, und wenn jene dabei mit gelben Haaren ausgestattet werden, so characterisirt sie das wieder als die Gewitterwesen, indem man strehnenartige, goldene Blitze, wie schon bei der weissen Frau erwähnt wurde, oft als die Haare der im Unwetter dahineilenden Wesen fasste.

Anderseits deutete man die Gewittererscheinungen mit ihrem Qualm u. s. w. als ein **Brauen, Backen** und **Kochen** dieser Geister am Himmel, wie man es noch stellenweis direct den Hexen zuschreibt, ja anderseits in späteren mythischen Ansätzen mit christlicher Färbung selbst Gott oder Christo beilegt.[1]) Dann feiern die Zwerge ebenfalls, wie die Hexen, ihre **Feste im Gewitter**, wobei sie meist diese oder jene Gabe zurückgelassen haben sollen. So hat sich z. B. in der Altmark an das Alvenslebensche Geschlecht die Sage von einer **Hochzeit** geknüpft, welche die Zwerge mal dort gefeiert und bei der sie einen **Ring** als Talisman zurückgelassen haben sollten; das ist in der ursprünglichen himmlischen Scenerie der am Schluss des Gewitters auftretende schöne **Ring** des Regenbogens, welchen man in Baiern noch **Himmelring** nennt oder die Zigeuner geradezu als den **Ring Gottes** bezeichnen.

Ebenso weiss die Sage die Unterirdischen noch namentlich mit den **Wöchnerinnen** in Verbindung, indem es heisst, die Wöchnerinnen müssten darauf achten, dass nicht die Unterirdischen die **neugebornen Kinder** stehlen oder ihre **Wechselbälge** dafür unterschieben. Dasselbe wird dann von den Nixen erzählt, die auch am Himmel ihren Ursprung haben, und sich ganz zu den eben erwähnten Zwergen stellen, nur dass sie eben in Beziehung zu den **himmlischen Wassern** als **Wassergeister** gedacht wurden. Der Wechselbalg, den Beide unterschieben, erscheint gegenüber der himmlischen

---

[1]) Dahin schlägt, wenn man beim Donner in Basum sagt: „Use herrgott smitt brot in de kisten" (Nordd. S. Geb. Nr. 410) oder bei röthlichem Morgenroth zur Weihnachtszeit im Havellande: „der heilige Christ backt Honigkuchen." Ursp. d. M. p. 4.

Geburt, die man im Gewitter von der schwangeren Wolke vor sich gehend glaubte und sich ihres himmlischen Ursprungs halber nur als schön denken zu können meinte, ganz unerwartet als ein gefrässiges, brüllendes Wesen, das man unter Anderm nur schien durch Ruthenpeitschen los werden zu können. Ich habe das Letztere Ursprung p. 252 ff. auf das gefrässige, brüllende Sturm- und Donnerwesen bezogen, das erst bei der Blitzespeitsche wieder verschwindet. — Das Treiben der Winde und Wolken liess auch anderseits die Sage von Tänzen der Nixen aufkommen, wobei der nasse Zipfel an der Schürze des Nixenmädchens, der in den Sagen immer wiederkehrt, an die feuchte Wolke erinnert.

Der Gewitterzwerg als Einheit gefasst, wie in der obigen Mecklenburgischen Sage, liegt der Sage vom Kobold zu Grunde. Dieser erscheint so ursprünglich theils als Feuergeist, theils als Poltergeist, theils als überhaupt scharwerkend im himmlischen Haushalt. Das characteristische Koboldlachen geht auf den Donner, von dem auch Dichter noch wohl diesen Ausdruck gebrauchen und den Donner als eine (teuflische) Lache darstellen, während das Poltern oder Werfen mit Steinen, wie es den Kobolden auch zugeschrieben wird, nur eine andere Auffassung derselben Naturerscheinung characterisirt. Ebenso findet das sogenannte Koboldschiessen seine Erklärung im Gewitter, indem man anderseits in der Oberpfalz beim sich entwickelnden Gewitter meint, »die Hexen schössen Purzelbäume.«[1])

---

[1]) Schönwerth, Sitten und Sagen aus der Oberpfalz. Augsburg 1858. II. 126.

Die Sage vom Alp- oder Mahrdrücken zeigt alle dem gegenüber eine ganz andere rohe Anschauung des Gewitters. Es ist, wie ich glaube beweisen zu können, die schwere Gewitterwolke, die Athem beklemmend auf jeden gleichsam drückt, und auch dort am Himmel etwas Aehnliches annehmen liess. Es ist der betreffende Wolkengeist, der im Blitz wie durch ein Schlüsselloch in die Wolke gedrungen ist, dass das Wesen, welches er drückt, stöhnt und brüllt. Und gerade dasselbe übertrug man auf den ähnlichen, quälenden Zustand, der manche Menschen des Nachts ergreift.[1])

Auch vom Werwolf, dreibeinigen Hasen und Drak weiss noch fast jedes Dorf zu erzählen, diesen zauberhaft mythischen Thieren und Wesen, die in der Urzeit man am Himmel im Unwetter ebenfalls ihr Wesen glaubte treiben zu sehen, wie ich im Urspr. der Mythol. des Ausführlicheren dargelegt habe.[2]) Unter Drak speciell versteht man jetzt eine einfache, feurige Lufterscheinung, während die Sagen zeigen, dass ursprünglich die Vorstellung vom Blitz entlehnt sei. Er zieht angeblich wie der Kobold am Himmel, und scheint in der schweren Gewitterwolke seinem Herrn etwas zuzuschleppen, und berührt sich so theils mit dem Kobold als Hausgeist des himmlischen Haushalts, theils mit

---

[1]) Ich handle darüber ausführlicher in meinem neuen Buche über die poetischen Naturanschauungen u. s. w. Annähernd spricht sich schon Mannhardt in s. Germ. Mythenforschungen darüber aus p. 73. 345. 713.

[2]) Die von mir über den dreibeinigen Hasen aufgestellten Ansichten haben inzwischen ihre volle Bestätigung gefunden in den ähnlichen Resultaten, zu denen Rochholz in seinem neuen Buche „Naturmythen. Leipzig 1862" in Betreff dieses mythischen Thieres gelangt ist.

dem Gewitterteufel des Mittelalters, der auch für denjenigen, mit dem er einen Bund gemacht, solche Dienste verrichtete. Dass übrigens der Teufel im Gewitter und hauptsächlich im Wirbelwind sein Wesen trieb, und so mit den Hexen in Verbindung trat, kann für viele Schilderungen noch eine aus dem sechzehnten Jahrhundert beweisen. Bei Angelus, Annales Marchiae Brandenb. Frankf. a. O. 1598 heisst es u. A. v. 25. Febr. 1598: »Bald auf diese Sonnenfinsterniss folgte ein grosser und übernatürlicher Sturmwind, der fast die ganze Woche hernach grausamlich tobete, sonderlich aber auf den Mittwoch oder am ersten Tage des Märzmonats, da er in der Mittelmark des Kurfürstenthums Brandenburg merklichen Schaden that mit Umstürzung Häuser und Scheunen und unzählich viel grosser Bäume in den Wäldern hin und wieder, derer etliche er mitten entzwei gebrochen, dass man sich darüber verwundern müssen, und mit Entdeckung der Kirchen, Häuser und anderer Gebäuden. Und will ich wohl glauben, dass der Teufel, der rechte hellische Schadenfroh, da er sich, als ein angebundener Kettenhund, an uns Menschen und an unsern Viehe, so wir zu unser Notturft und Narung gebrauchen, nicht hat machen dürfen, uns also in Schaden zu bringen, dass er sich dennoch an den Gebäuden etlicher massen und auch an den Bäumen habe machen und sein teuflisches Müthlein daran kühlen wollen: doch auch nicht mehr und ferner, als ihm Gott der allmächtige verhenget und nachgegeben hat.« —

Ausser jenen Gestalten aber, die gleichsam schon einen entwickelteren Character haben, leben noch eine Menge abergläubischer Vorstellungen und Gebräuche fort, die aus ähnlichen gläubigen Naturanschauungen entsprungen sind und auch in anderen Mythen als Elemente characteristische Rollen spielen, im jetzigen Volksglauben aber nur noch vereinzelt gleichsam dastehen. Hierher gehört die Vorstellung von Schätzen, die brennen, was an den Glauben anknüpft: im Gewitter käme ein leuchtender Schatz herauf, der gehoben werden solle. Zu dieser im Urspr. d. M. gegebenen Deutung füge ich noch hinzu, dass, wenn dabei characteristisch immer es heisst: es werde Einer zur Hebung des Schatzes gerufen, dies mir auf den ersten fernen Donnerruf zu gehen scheint, mit welchem manches Gewitter beginnt. Bezeichnend reiht sich auch dieser Schatz oft der Jungfrau an, die, wie wir gesehen haben, im Gewitter erlöst sein will. So lässt der Aberglaube auch um Johanni die Berge sich öffnen, d. h. die Wolkenberge wieder mit ihren Schätzen, ebenfalls dann wunderbare, zauberhafte Blumen blühen, d. h. die aufblühenden Gewitterwolken. Anderseits knüpfen die Sagen von den in Seen untergegangenen Städten, die wieder heraufkommen, oder deren Glocken man noch zu Zeiten läuten hört, an die in den Wolken sich scheinbar bildenden Luftschlösser an, deren Glocken man im Donner hörte, und die, wie sie in dem himmlischen Wasser des Gewitters untergegangen, so anderseits wieder in demselben in die Höhe zu kommen schienen.

Ebenso sind eine grosse Anzahl von Gebräuchen, die sich als Mittel gegen Zauberei und Hexen und sonstiges Teufelswesen fortgepflanzt haben, von den himmlischen Erscheinungen entlehnt, indem man derartiges dort oben gegen diese bösen Wolkenmächte angewandt wähnte. Nach den obigen Andeutungen z. B. wird man es verstehen, wenn gegen die Hexen nicht bloss es hilft, dass man ein **Kreuz** gegen sie mache, sondern auch, dass man sie mit **Feuerbränden** zu Zeiten scheuchen oder ihren Einfluss bannen[1]) oder gar, dass man den gefürchteten **Wirbelwind**, in welchem ja auch Hexen fahren, durch einen **Donnerwetter** (einen Fluch) unschädlich machen könne, oder indem man ihm den Hintern zeige,[2]) was, ebenso wie der **Feuerbrand** auf den **Blitz** sich bezieht, so auf das schon öfter nachgewiesene Hofiren des Donners geht.[3]) Das Böse des

---

[1]) So berichtet Dähnert, Plattdeutsches Wörterbuch. Stralsund 1781, unter Molkentöwersche brennen. „War eine abergläubische Gewohnheit in Rügen, da man an Philippi Jacobi Abend mit grossen Feuerbränden in's Feld lief, und dadurch zu verhüten glaubte, dass die Hexen das Milchvieh nicht bezaubern sollten." Molkentöwersche ist übrigens auch sonst Bezeichnung für Hexe.

[2]) Rochholz Naturmythen p. 65. Aehnliches wird auch gegen den Drak angewandt; s. Müllenhoff, Schlesw. Holstein. Sagen S. 280 und unsere Nordd. S. 8. 4. Geb. 207.

[3]) Eine ähnliche Naturanschauung tritt auch bei den Litauern hervor. Schleicher berichtet in s. litauischen Märchen, Weimar 1857. p. 38 eine dahin schlagende Sage. „Ein Jäger kommt," heisst es, „bei einer Brechstube vorbei. In der Brechstube aber wuschen sich die Laumes. (Das Waschen dieser Hexen im Gewitter haben wir schon oben p. 104 besprochen.) Als er sie da sich waschen hörte, steckte er ihnen zum Possen den Hintern zum Fenster hinein und liess einen tüchtigen streichen. Da wurde eine böse und verfolgte den Jäger. Sie hätte ihn auch eingeholt, hätte er nicht beim Laufen seinen Rock verloren; den fand die Laumes und zerriss ihn in lauter Fäden." Diese rohe Scenerie ist nur ein anderes Bild der Gewitterjagd. Wie in einer von uns in den Nordd. S. Nr. 348 mitgetheilten deutschen Sage der Teufel im Wirbelwind hinter den Timmermanns Skitz einherfährt, so verfolgt hier die Laumes den hofirenden Jäger. Das Zerreissen seines Rocks geht auf das Zerrissenwerden des Wolkengewandes, eine Anschauung, die gerade ebenso in den Werwolfssagen und ähnlichen wiederkehrt. (Ursp. p. 118 ff.)

Gewitters schien nämlich durch ein oder das andere Moment desselben durch Blitz oder Donner abgewandt zu werden, und dies glaubte man nachahmen zu müssen, um desselben Erfolges theilhaftig zu werden. Dass gerade aber die Vorstellung eines Verhextseins des Viehes von den Thieren, welche man am Himmel in den Wolken wahrzunehmen glaubte, und welche im Gewitter behext erschienen, hergenommen und dann erst wieder auf das irdische Vieh übertragen ist; zeigen viele Gebräuche, theils wie man das Rindvieh besonders mit allerhand eigenthümlichem Ruthenpeitschen, besonders des Vogelbeerbaums u. dergl. behandeln müsse, dass es gedeihe, theils wie man es wieder heilen müsse, wenn es erkrankt, d. h. behext sei.[1])

Auch die ganze, immer wiederkehrende Geschichte, dass während einerseits die Hexen im Gewitter kochen, man sie durch ein solches Kochen andererseits citiren und unschädlich machen, d. h. das Gewitter beseitigen könne, scheint eine Sage, die ich jüngst im Barnim hörte, in ihren Beziehungen auf einzelne Momente in der Erscheinung des Gewitters ziemlich klar anzudeuten. Als nämlich bei dem behexten Vieh die gewöhnlichen Mittel angewendet waren, heisst es, kam der Nachbar, der alte Koch, zu laufen und wollte in's Haus hinein. Die Frau,

---

[1]) Derartige Gebräuche in ihrer Beziehung zum Gewitter hat in reicher Fülle entwickelt Kuhn, Herabkunft des Feuers und Göttertranks u. s. w. Berlin 1860. Vergl. auch Mannhardt, Germanische Mythenforschungen. Grohmann, Apollo Smintheus und die Bedeutung der Mäuse in der Myth. der Indogerm. p. 14 ff. Am klarsten legt die Sache das sogen. weitverbreitete Notfeuer dar, die einfache Nachahmung des Gewitterfeuers, wodurch die bösen Erscheinungen des Unwetters an den himmlischen Wolkenherden und, in seiner Nachahmung, auch an den irdischen beseitigt zu werden schienen.

der das Vieh gehörte, machte aber nicht auf, obgleich er jammerte und rief, sie möchte ihm doch aufmachen, er wolle sich ja nur ein Sieb borgen. Als sie es aber nicht that, da wurde ihm so angst, dass er ganz toll wurde, sich die Hosen abzog und die Nesseln abriss, die am Hause wuchsen, und sich immer mit den brennenden Nesseln zwischen die Beine peitschte. Zuletzt lief er dann fort, aber in drei Tagen war er todt. Das Vieh war und blieb seitdem gesund.

Halten wir den Mittelpunkt der Scenerie fest, das Kochen inmitten des verhexten Viehes, wodurch, wie bei der Hebung des Schatzes oder der Erlösung der Jungfrau, Einer citirt wird, hier der Zauberer oder die Wetterhexe, so erinnert das ungeberdige Benehmen des beim Brauen des Gewitters erscheinenden Wesens und das characteristische Peitschen mit den brennenden Nesseln und das Hofiren wieder speciell an Blitz und Donner, die man ja ganz gewöhnlich als ein Peitschen mit Ruthen und ein Hofiren auffasste, so dass es schwer ist, sich dieser Erklärung zu erschlagen. Die Wirklichkeit hat nie für diese Vorstellungen etwas Anderes, als gewisse Anknüpfungspunkte gegeben, an denen sie sich erhalten haben, nichts aber, aus denen sie in solchen plastischen, weitverbreiteten Gestaltungen entstanden sein könnten, und wenn die Frick ursprünglich im Gewitter die himmlische Sonnenspinnerin zu zerzausen und das Gespinnst zu besudeln schien, so ist es nicht wunderbarer, wenn der im Gewitter beschworene Zauberer sich mit brennenden Nesseln zu zerfleischen und vor Angst zu hofiren schien. Dass man aber das Gewitter auch sonst als solche

Beschwörung fasste, zeigen z. B. die Tiroler-Sagen, welche im Gewitter ein Bannen von Schlangen vor sich gehend wähnten, wie ich derartiges im Ursp. d. M. p. 49 entwickelt habe. (Vergl. Grohmann, Apollo Smintheus u. s. w. p. 84 ff.)

Von den vielen stehenden Gebräuchen, die, wie ich u. A. Urspr. d. M. p. 23 ausgesprochen habe, vielfach ebenfalls nur Nachahmungen ähnlicher Vorgänge sind, welche man am Himmel wahrzunehmen glaubte, führe ich aus unseren Gegenden nur zwei als Beispiel an; zuerst den von der bunten Kuh und dem Dauschlöpper oder Daufäjer.

Es ist dies ein in Mecklenburg, der Uckermark, Priegnitz, der Altmark bis südlich in's Göttingsche hinein bestehender Gebrauch, beim ersten Austreiben des Viehes auf die Brachweide der einen Kuh an den Schwanz einen Maienbusch zu binden, das ist die dausleipe, die Kuh selbst ist der dauslöpper; während eine andere einen Kranz erhält und die bunte Kuh genannt wird. Ich glaube nun, wie ich es auch in Anhang I des Weiteren ausgeführt habe, dass dieser so ausstaffirte Zug nur eine Nachahmung des in den ersten Frühlingswettern dort oben angeblich stattfindenden ersten Austreibens der Wolkenkühe ist. Wie der Donner namentlich den Gewitterbullen characterisirte, so beziehe ich die dausleipe, den die eine Kuh nachschleppt, auf den sogenannten Donnerbesen, d. h. den Blitzzickzackbusch, mit dem sonst das Vieh geschlagen, hier das himmlische Nass gefegt zu werden schien; während die bunte Kuh den Regenbogen in die Anschauung hineinzieht, indem nach altgraeco-germanischer Anschauung ein in der Mitte durch Gewölk unterbrochener Regenbogen die Vorstellung eines Stierkopfs geweckt zu haben scheint, dessen roth schimmernde Hörner nach unten ständen, ein Glaube, der u. A. dem griechischen Volk das im Regenbogen sichtbar werdende Wesen mit einem Stierkopf ausgestattet erscheinen liess, im schweizerischen Aberglauben die Vorstellung einer rothen Kuh schuf, an deren Erscheinen im deutlichen Hinweis auf die doppelte Rolle des Regenbogens im Gewitter sich einerseits der Glaube einer grossen Weltschlacht und dann eines ewigen Friedens knüpfte. Sagt doch noch jetzt, wie Rochholz Naturmythen p. 52 berichtet, der Schweizer beim scheidenden Gewitter »das Gewitter zieht die Hörner ein,« ohne dass er freilich sich der ganzen Anschauung mehr bewusst ist. Die alle dem aber zu Grunde liegende Vorstellung hat auch in unserm, den Gewitterzug copirenden Gebrauch der bunten Kuh neben dem im Blitz den Thau fegenden Dauslöpper den Ursprung gegeben. —

Als ebenso characteristisch und uralt erwähne ich als ein zweites Beispiel der ausgesprochenen Theorie den in der Altmark und im Havellande noch herrschenden Gebrauch, dem Todten als Fährgeld einen Sechser unter die Zunge zu legen. Es hängt mit der alten Vorstellung eines Todtenreichs im Himmel zusammen und dem schon oben bei der Frau Harke angedeuteten Uebersetzen der Seelen im Gewitter, wo in den fallenden Blitzen der Fährlohn gezahlt zu werden schien, so dass also die Todten mit einem solchen ausgerüstet wurden. An diesen Gebrauch fanden wir bei unserm

Sagensammeln dann noch in einem Theile der Altmark angereiht geradezu die Tradition einer heidnischen Unterwelt, indem sich daran das Sprüchwort von den Todten reihte, dass sie alle in Nobiskrug — einem alten Ausdruck für Unterwelt — zusammenkämen und dort ihren letzten Sechser verzehren müssten. Wenn hierin eine sicherlich spätere Anspielung auf das mitgegebene Geldstück und den Namen Krug sich ausspricht, so deutet die allgemeine Ansicht, dass in Nobiskrug alle Todten zusammenkommen, wer aber nicht den Sechser, das Fährgeld, unter die Zunge bekommen, als Nachzehrer auf der Oberwelt umgehe, entschieden auf altheidnische Vorstellung hin; wie denn auch die Localisirung der Sage am Rande des einst sumpfigen und unzugänglichen Drömling, indem dort ein Dorf den Namen Ferchau, d. h. Seelenau oder Nobiskrug führt, sich ganz zu analogen Vorstellungen der Griechen und Römer von dem Eingang in die Unterwelt bei solchen Sumpfgegenden stellt. (s. Ursp. p. 273.)

So hat die Vorzeit alle ihre Vorstellungen und Gewohnheiten, die ihr Leben beherrschten, in gläubiger Phantasie von den Erscheinungen des Himmels entlehnt, die sie gemäss ihrem eigenen Leben deuteten und dann wieder auf dasselbe anwandten.[1] Daher stammen die rohesten und poetischesten Elemente des Heidenthums;

---

[1] Wie sich die mythischen Elemente selbst in die Verzierungen der Häuser einfügten, hat kürzlich Petersen in zwei Abhandlungen des Ausführlicheren dargelegt. „Die Pferdeköpfe auf den Bauerhäusern, besonders in Norddeutschland." Kiel 1860 und „der Donnerbesen." Kiel 1862.

und was davon speciell noch auch in den Marken und Mecklenburg fortlebt, giebt sich trotz aller Eigenthümlichkeiten so ächt deutsch und in so bestimmter Gruppirung, dass in der Hauptmasse wir hier mit einer selbstständigen, nicht erst colonisirten Bevölkerung zu thun haben dürften.

Anhang.

I. Die rothe Kuh im Regenbogen und Iris mit dem Stierkopf, so wie die stierhäuptigen Wassergötter der Griechen.[1]

Gelegentlich ist in dem Buche schon hingewiesen worden auf die Verwandtschaft der entwickelten mythologischen Anschauungen mit denen anderer indogermanischer Völker, namentlich der Griechen. Der oben p. 123 f. erwähnte Frühlingsgebrauch mit dem Dauschlöpper oder Daufäjer und der bunten Kuh giebt Gelegenheit, dies an einem Beispiele noch recht schlagend zu zeigen, indem ich zugleich die betreffenden Gestalten noch des Weiteren in ihrem von mir behaupteten Ursprung begründe.

Die indische Mythologie hatte zuerst die Vorstellung klar gelegt, nach welcher die Wolken als himmlische Kühe gedacht wurden, und so hatte denn auch Kuhn den bekannten Mythos vom Rinderraub des Hermes

---

[1] S. oben p. 123 f.

in der Weise gedeutet, dass der Windgott die Wolkenkühe im Gewitter forttreibe oder stehle. Ebenso brachte dann Simrock, Deutsche Myth. I. 248, den norwegischen Volksglauben, dass Frau Hulda bei rauhem Wetter ganze Heerden schwarzer Kühe einhertreibe, in Beziehung zu den vom Wind gejagten dunklen Regenwolken. Ich habe diese ganze Vorstellung von Wolkenrindern dann im Ursp. in dem Capitel von den Rindergottheiten des Ausführlicheren verfolgt und namentlich u. A. als eine Parallele zum Rinderraub des Hermes das Schlachten der Sonnenrinder durch die Gefährten des Odysseus, d. h. im ursprünglichen Mythos durch ihn selbst, hingestellt. Die Gewitterscenerie trat dabei noch ausdrücklich prägnant hervor, wenn die Felle der getödteten Rinder sich noch bewegt und das Fleisch an den Spiessen noch gebrüllt haben sollte; ich bezog es auf Wolken, die mehr noch als die blossen Häute der Rinder erschienen,[1] und auf das auch beim hellen Gewitterfeuer, d. h. beim Braten der himmlischen Kühe noch im Donner fortdauernde Gebrüll. Ebenso erwähnte ich beim Rinderraub des Hermes wie in der analogen Hercules- und Cacus-Sage, als einen besonderen aus demselben Naturkreise hervorgegangenen Zug, wenn die Rinder entweder umgekehrt von ihrem Treiber Cacus an den Schwänzen (in die Wolkenhöhle) schienen gezogen zu werden oder von Hermes umgekehrt getrieben, dass

---

[1] So schleppt auch der aus analoger Anschauung hervorgegangene Viehschelm des deutschen Glaubens, ein gespenstischer, entsetzlich brüllender Stier seine halbe Haut rauschend gleich dem Tosen des wilden Heeres nach sich. Ursp. d. M. p. 182. Rochholz Naturmythen 1862. p. 75.

ihre Spuren verkehrt erschienen,[1]) und bezog diesen auch sonst in analogen Mythen hervortretenden Umstand auf die wunderbaren Blitzesspuren, wie denn auch derartige Wolkenstiere, aus eben derselben Auffassung der Blitze als Fussspuren, als erzhufig galten. Nun heisst es aber in dem Mythos vom Hermes noch weiter, dass, während er die Wolkenkühe so vor sich hertrieb, er sich Buschwerk von Tamarisken und Myrthen an die Füsse gebunden habe, um die Richtung der Spuren auch seinerseits nicht kenntlich zu machen.

ἄφραστ' ἠδ' ἀνόητα διέπλεκε θαυματὰ ἔργα,
συμμίσγων μυρίκας καὶ μυρσινοειδέας ὄζους.
τῶν τότε συνδήσας νεοθηλέος ἄγκαλον ὕλης,
ἀβλαβέως ὑπὸ ποσσὶν ἐδήσατο σάνδαλα κοῦφα
αὐτοῖσιν πετάλοισι, τὰ κύδιμος Ἀργειφόντης
ἔσπασε Πιερίηθεν, ὁδοιπορίην ἀλεείνων,
οἷά τ' ἐπειγόμενος, δολιχὴν ὁδὸν αὐτοτροπήσας.
                                hymn. Hom. in Merc. v. 80 sqq.

Noch anschaulicher schildert dies Bild Apollo nachher in seiner Anklage des Hermes, wenn er meint, es

---

[1]) πλανοδίας δ' ἤλαυνε διὰ ψαμαθώδεα χῶρον,
ἴχνι' ἀποστρέψας· δολίης δ' οὐ λήθετο τέχνης.

ἀντία ποιήσας ὁπλὰς τὰς πρόσθεν ὄπισθεν,
τὰς δ' ὄπιθεν πρόσθεν, κατὰ δ' ἔμπαλιν αὐτὸς
                                          ἔβαινεν.
                                hymn. Hom. in Merc. v. 75 sqq.
cf. v. 211, wo es dann heisst:
ἐξοπίσω δ' ἀνέεργε, κάρη δ' ἔχον ἀντίον αὐτῷ.

hätte ausgesehen, nicht als ob einer auf den Füssen oder Händen, sondern auf einem Eichenbusch einhergegangen sei. v. 342 sqq.

τὰ δ'ἄρ' ἴχνια τοῖα πέλωρα,
οἷά τ'ἀγάσασθαι, καὶ ἀγανοῦ δαίμονος ἔργα.
τῇσι μὲν γὰρ βουσὶν ἐς ἀσφοδελὸν λειμῶνα
ἀντία βήματ' ἔχουσα κόνις ἀνέφαινε μέλαινα·
αὐτὸς δ'οὗτος ὅδ'ἑκτὸς, ἀμήχανος, οὔτ 'ἄρα ποσσίν,
οὔτ 'ἄρα χερσὶν ἔβαινε διὰ ψαμαθώδεα χῶρον·
ἀλλ' ἄλλην τινὰ μῆτιν ἔχων διέτριβε κέλευθα

— — — — — — — — — — — — — — — —

τοῖα πέλωρ', ὡςεί τις ἀραιῇσι δρυσὶ βαίνοι.

Auch dieser characteristische Zug des Mythos deutet sichtlich auf eine den Griechen auch sonst nicht fremde Auffassung der Blitze, nämlich als Ruthenbündel mit Blätterwerk hin, ebenso wie im deutschen Glauben der Blitz auch geradezu als ein Besen erschien, woher noch der Name Donnerbesen in allerhand Beziehungen, die an den Blitz sich anknüpfen lassen, stammt, und auch die Hexen auf solchen Besen im Gewitter einherfahren und als Windgottheiten mit demselben die Luft rein fegen.[1]) Wie aber der Gott nach griechischer Vorstellung selbst einen derartigen Busch im Zickzack der Blitze beim Treiben der Wolkenrinder mitzuschlep-

---

[1]) S. Ursp. d. M. im Index unter Stab. Petersen, der Donnerbesen. Kiel 1862, namentlich p. 34 ff. Die eingehenden Untersuchungen Petersen's legen die Sache ganz klar, wenngleich ich nicht im Endresultat in der gesuchten Beziehung des Donnerbesen auf den streifigen Gewitterregen mit ihm übereinstimme. Das Richtige liegt vielmehr in der Vereinigung der von Mannhardt und mir ebendaselbst angeführten Ansicht, wie ich sie auch oben im Text jetzt gefasst habe.

pen schien, hat ihn nach deutscher Vorstellung gemäss dem angeführten Gebrauch von der Dausleipe, der das Austreiben der Wolkenkühe im Gewitter nachahmt, eine der Kühe selbst am Schwanz gebunden, ein Gebrauch, der übrigens offenbar wieder mit dem oben p. 121 erwähnten sogen. Quieken oder Schlagen des Viehes zur Frühjahrszeit mit einem Vogelbeerbusch in Parallele steht; nach der einen Auffassung schien nämlich der Busch mitgeschleppt, nach der andern mit ihm im Blitz geschlagen zu werden. So tritt also dem Hermes mit den Ruthenbündeln an den Füssen inmitten der himmlischen Rinder deutlich zur Seite der Dauslepper oder Daufäjer unsres märkischen Gebrauchs, an den sich nun noch im Namen die Beziehung auf das himmlische Nass, den Regen, geheftet hat, gerade wie es anderseits mit den Wolkenrossen der Valkyrien oder den Wolkenhunden des Hackelberend in Verbindung gebracht wurde (s. oben p. 66 f.) — Es ist dies eine, wenn auch kleine, so doch höchst characteristische Analogie innerhalb des gemeinsamen Anschauungskreises von dem Treiben der himmlischen Rinder im Gewitter, die nur vom deutschen Standpunkt aus als ein stehender, himmlischer Gebrauch zur Frühjahrszeit nachgeahmt wurde, während bei den Griechen die Anschauung nur in dem Mythos, der von jenem Glaubenskreis Zeugniss giebt, sich als ein einmaliges Factum abgelagert hat. —

An denselben Gebrauch knüpft sich aber nun noch eine zweite, ebenso characteristische Uebereinstimmung zwischen griechischer und deutscher Auffassung, welche den Regenbogen in die Anschauung hineinzieht und damit vielleicht überhaupt eine der Hauptwurzeln vom Glauben an himmlische Rinder klarlegt. In der Nachahmung des Wolkenrinderzuges trat neben dem Daufäjer, der also auf die Erscheinungen des Blitzes ging, noch die sogen. bunte Kuh auf, welche meist durch eine mit einem Blumenkranz geschmückte Kuh dargestellt wird. Dass die sogen. bunte Kuh eine mythisch bedeutsame Gestalt sei, hat schon Mannhardt Germ. Mythenf. p. 332 dargethan, indem er u. A. die Redensart aus Pommerellen beibringt: Das weiss Gott und die bunte Kuh. Dazu stelle ich, was Rochholz in s. Naturm. 1862 p. 52 f. an verschiedenen Stellen über die rothe Kuh sagt. »An das Brüllen und Lühen einer rothen Kuh knüpfen Schweiz, Elsass, Schwarzwald, Schwabenland und Tirol eine noch bevorstehende End-Umwälzung und Weltschlacht, die diesen Landstrichen dann zum ewigen Frieden ausschlagen soll.« »Ebenso soll vor jenem Entscheidungskampfe, welchen die jütische Halbinsel erwartet, eine rothe Kuh über eine Brücke gehen. Müllenhoff, Schlesw. Holst. S. Nr. 509. In der Solothurner Sage vom Sennengeist Dönnell, der auf dem Jura ob Grenchen spukt, bringt dieser unter Donner und Blitz eine halbe Kuh zur Sennhütte hineingetragen, um sie da an eine Schirmtanne aufzuhängen. Damit ist das Aufhören eines Hochgewitters bezeichnet und das Erscheinen eines halben Regenbogens.« Vorher hatte Rochholz schon bemerkt: »das deutsche Volksräthsel sagt von der Wolke: eine schwarzgefleckte Kuh ging über eine pfeilerlose Brücke, und kein Mensch des ganzen Landes konnte sie aufhalten. Ein norwegisches Räthsel vom Donner lautet gleichermassen: es steht eine Kuh auf dem breiten Rücken (des Himmels) und brüllt über das Meer, sie wird in sieben

Königreichen gehört. In der Schweiz pflegt man von einbrechender stockender Finsterniss zu sagen: es ist finster wie in einer Kuh drinnen, und von dem sich verziehenden Gewitter: das Wetter zieht die Hörner ein. Im Slovenischen ist der Name des Regenbogens mávra, mávriza, d. h. »schwärzlich gestreifte Kuh.« So Rochholz. Ich habe in dem Capitel von den Rindergottheiten im Ursp. u. s. w. besonders das Brüllen des Donners bei der Entwicklung der Vorstellung von einer himmlischen Kuh oder einem Stiere betont, nach dem von Rochholz Beigebrachten liegt es aber ziemlich nahe, noch ein zweites Naturmoment des Gewitters ebenso zu urgiren, nämlich das, was er gelegentlich anführt, die Beziehung auf den Regenbogen in den Vordergrund zu stellen, und die neben der schwarzen auftretende rothe oder bunte Kuh wegen der analogen Farbe vor Allem auf ihn zu beziehen. Ich hatte immer schon an eine ähnliche Anschauung gedacht bei des Plutarch Notiz (de placitis philos. III, 5), dass Einige meinten, die purpurne Iris habe einen Stierkopf, mit dem sie Flüsse ausschlürfe; nur war mir das Bild nicht ganz klar in seiner rohen Form, bis ich neulich im Angelus Ann. March. Brandenb. Frankf. a. O. 1598 die Notiz fand, »man habe 1519 einen Regenbogen mit den Hörnern nach oben stehend beobachtet.« Malen wir uns nämlich ein entsprechendes Bild für die gewöhnliche Form des Regenbogens gemäss diesem Ausdruck aus, so ergiebt sich also für den Stierkopf der Iris, so wie für den der rothen oder bunten Kuh speciell eine Vorstellung, nach welcher ein in der Mitte durch eine Wolke unterbrochener Regenbogen wie ein Stierkopf erschien, dessen (rothe) Hörner nach unten ständen oder überhaupt ein halber unvollständiger Regenbogen als ein Horn gefasst wurde. Ist diese Ansicht richtig, wie ich es glaube, so ist damit eine gemeinsame Uranschauung dieser Völker der eigenthümlichsten Art dargelegt, zu gleicher Zeit aber auch gezeigt, dass, wenn ich die stierhäuptigen Wassergötter der Griechen in dem Capitel über die Rindergottheiten auf die himmlischen Wolkenstiere bezog, dies sich so glänzend bestätigt. Die Notiz des Plutarch zeigt uns nämlich deutlich in dem die Wasser ziehenden (und auch natürlich dann wieder von sich lassenden) Regenbogenstier [1]) den rohen Urtypos der Wassergötter der entwickelteren Mythologie. [2])

II. Zur Sage von Bärens Kirchhof. [3])

Bei dem Bericht über die Sage von Bärens Kirchhof, welche Kuhn und ich in den Märkischen Sagen Nr. 205 gegeben und die der Darstellung oben zu Grunde liegt, war es uns damals nicht möglich gewesen, aus Autopsie über das Local zu berichten. Bei dem Interesse, was immerhin das Vorkommen dieser Hackelberend-Sage hier in der Mark bietet, trage ich noch Einzelnes nach, was ich neulich an Ort und Stelle gesehen und erfahren.

---

[1]) Wie wir nämlich sagen „die Sonne zieht Wasser," war es nicht bloss griechische, sondern auch römische Naturanschauung, dies dem Regenbogen beizulegen.

[2]) Mit dem unvollständigen Regenbogen als einem abgebrochenen Horn möchte nun auch das reale Substrat für das auch schon von mir Urspr. d. M. p. 201—203. 220. 221. 226 in das Gewitter gewiesene mythische zauberhafte Horn gefunden sein.

[3]) S. oben p. 54 f.

Der Bericht in den Märkischen Sagen stützte sich theils auf mündliche, in Joachimsthal gesammelte Notizen, theils auf die Erzählung, wie sie sich in Beckmanns historischer Beschreibung der Mark Brandenburg. Berlin 1751. Bd. I. p. 781 ff. findet, der unter anderen Jagdgeschichten, die mit Ebern sich zugetragen, auch diese berichtet. Ueber die Stätte selbst findet sich bei Beckmann keine nähere Auskunft, Leute in Joachimsthal gaben uns damals an, dass sie in der Nähe des alten Jagdschlosses liege, und so nahmen wir es in den Märk. Sagen auf. Das ist aber nicht richtig. Bärens Kirchhof liegt vielmehr, wie ich mich jetzt überzeugt habe. in der Nähe der Försterei Lindhorst, zwischen der Joachimsthal-Zehdenicker und der Döllenkrug-Friedrichswalder Strasse auf der Höhe eines mässigen Abhanges an den Plötzenpfühlen im Forstrevier Grimnitz, Jagen 63, Schutzbezirk Cölln. Er besteht aus 16 in die Erde eingegrabenen Steinen, welche ein Viereck von 66 Schritt im Umfang bilden. Ausserhalb desselben an der Ostseite liegen noch zwei grössere Steine in der Entfernung von einigen Schritten. Das Ganze macht den Eindruck eines Hünengrabes, jedoch gehören die Steine nicht zu den grössten. In der ganzen Umgegend kennt man, wie ich mich wieder zu überführen Gelegenheit hatte, die Geschichte von dem alten Förster, den da ein Eber gebissen haben soll. Dies ist die kürzeste Form, in der die Sage auftritt. Wer mehr davon weiss, lässt, wie wir es auch schon in den Märk. Sagen berichtet, es beim Aufladen des Schweins geschehen sein, da seien dann dem Förster die Eingeweide von dem Thiere, welches noch einmal gezuckt habe, herausgerissen worden. Auf der Försterei Lindhorst erzählte mir ein alter Knecht die Geschichte noch ganz jagdgemäss ausgebildet und dem Locale eingebildet. Erst, also heisst es, träumt dem Förster von seinem Tode durch einen Eber und der Kurfürst Joachim — denn auf den wird hier alles Alte meist zurückgeführt — habe ihm deshalb gesagt, er solle heute kein Schwein schiessen. Der Kurfürst, heisst es weiter, hat selbst dann aber an dieser Stelle ein Schwein geschossen, und zwar zeigt man noch einen Stein c. 62 Schritt von Bärens Kirchhof ab nach S.-O. gelegen, da soll der Kurfürst gestanden haben. Bei Bärens Kirchhof ist der Beier aber herausgetreten, und auch gefallen. Da ist Bärens hinzugetreten und hat ihn mit dem Fuss gestossen, wobei ihm der Hauer in den Zehen gedrungen ist, dass er daran gestorben. Da hat dann der Kurfürst gleich bestimmt, dass an dieser Stelle die Steine errichtet würden. So dieser Bericht. —

Berichtigungen.

p. 33 Anm. 2. Z. 9 l. Hera.
p. 49 Z. 13 l. in anderen Mythen.
p. 59 Z. 1 l. aus Eifersucht, der andere aus Rache.
p. 78 Z. 16 l. Oberpfalz II. 128.
„ „ „ 18 l. dass von oben herabgepisst werde, gerade wie es Aristophanes den Strepsiades auffassen lässt. s. Ursp. p. 7.
p. 84. Die Ueberschrift „das Fest der Wintersonnenwende" u. s. w. war mit derselben Schrift zu drucken, wie p. 79 „die Erntegebräuche."
p. 101 Anm. 1. Wolken- und Gewitter-Göttin Holda.

Register.

Abel, König 18. 37 f.
Adler 68.
Adonis 68 ff.
Ahnmutter 8. 105 f.
Ἄκμων 33.
Albrecht der Bär 14.
Alp 117.
Alt-Barnim 37.
Altmark 17. 39. 50. 81. 87. 123.
Alvensleben, v., 115.
ἄνεμος 25.
Anhaltische 79.
Aphrodite 59.
Apollo 16. 22. 59 f. 66. 129.
Archon, Frū 87.
Arnstädt, v., 21.
Artemis 9. 16. 58 f. 62.
Asphodeloswiese 73.
Atalante 59.
Auge 32, feurige 38. 111, funkelnde 67, rothe 49, Sonnen- 103.
Axt (feurige) 34. 42.

Bachantinnen 49.
Backen 48. 104. 114.
Bärens Kirchhof 54. 134 f.
Bamberg 27.
Berchtha, Frau 96. 107.
Berg 44 f. 72. 102. 109. 111. 119.
Berlin 106.
Besen 93. 130.
Blau 46. 107.
Blitz, blau 46. 107, roth 96, blutig 96, als Feuer 69, Feuerbrand 120, feuriges Auge 38. 111, funkelndes 67, feurige Zungen 38. 42, Schlange 111 f., feuerspeiende Rosse 32, -Hunde 38, leuchtender Eberzahn, der in den Wolken wühlt 62, -Hämmern am Rade, funkensprühender Blitz, sprühender Rosseshufschlag 41 f., 101, Blitzesspuren 47. 128 ff., Blitz als Peitsche 32. 104. 116. 122, Ruthe 116, Ruthenbündel 123. 130 f., als Pfeil 66. 68, geworfene Keule, Schlegel, Hammer, Axt 33 f., 44, Blitz (Faden) geworfene Spindel 96, Kette 29. 71, geworfene goldene Kugel 34. 44 f., Knäuel 34. 44 f., Klumpen 33 f., Tropfen 33 f., -Wolkenschlüssel 105, hingeschüttete Scherben oder Münzen 76. 114. 124, Gold, brennender Schatz 119, lähmt 35 f., Gestank 33. 35. 37. 95. s. Gestank.
Blitzesschlange 47.
Blitzkette 71.
Blitzpfeil 66. 68.
Blitztau 74.
Blocksberg 92.
Blohm 38.
Blumen, Wolkenblumen 119.
Blumenthal 19.
Bock 93.
Boitzenburg 26.
Boreas 22.
Brandenburger Dom 77.
Brauen 104. 114. 122.
Braunschweig 18. 51.
Brunhild 100.

Cacus 128.
Camern 71. 74. 78.
Clas 91.
Conow 41.
Criwitz 17. 48.

Dachs 74.
Dachsfang, himmlischer 74.
Demeter 106.
Derk mit dem Beer 90.
Diesdorf 81.
Dionysos 49.
Donar 9.
Donner 46.
„ besen 123. 130.
„ gebrüll 128 ff. 132.
„ gepolter 75. 77 f. 116.
„ Glockengeläut 116.
„ keil 33.
„ keule 104. s. Keule.
„ klappern 69. 73.
„ krachen 42.
„ lachen 116.
„ rasseln 75. (mit Schlüsselbund) 105.
„ rollen 31 f. 70, rollender Todtenkopf 105.
„ ruf 34 f. 37. 42. 43. 69. 74. 108. 119.
„ wagen 70 s. Wagen.
„ wetter 6. 109.
„ use Herrgott mangelt 104.
Donnerstag Abend 96.
Dornröschen 100.
Drak 117 f.

Eber 52 ff. 55. 60 f. 135.
„ jagd 54 f. 58 62 f. 74.
„ zahn 53. 55. 57. 62. 69.
Ebern 69. 73. 129.
Eimen 66.
Eimer, goldne 108.
Einäugigkeit 74.
Eisern 68.
Engel 5. 102. 107.
Erlösung 23. 64 ff. 97 ff. 108 ff.
Erntegebräuche 6. 24. 79—84.
Eule s. Nachteule.
Ewig Leben 99.
Ewiger Friede 124. 132.
„ Fuhrmann 70.
„ Jäger 17.

Fährlohn 76. 114. 124.
Fahrende Mutter 25.
Ferchau 125.
Feuerbrand 59. 110.
Feuergeist 45.
Frau s. Frick, Gaude, Harke.
Frea 15.
Freke, Frû 88.
Frick (Frikka) 16. 17. 25 f. 40. 49. 58. 62. 64. 71. 79. 83 f. 89 f. 91. 94. 97.
Friedrich, Kaiser 102.
Frien, Frû 88.
Frigg 13. 71.
Fritz (alte) 14.
Fürstenberg 43.
Fui, Fuik 49.
Fussspuren, umgekehrte 128.

Gaude, Gaue, Gode u. s. w. 17. 39 f. 41. 48. 70. 78. 82. 84. 87. 89.
Geisterzug 19.
Gelbhaarig 93. 97. 107. 110.
Gestank 20. 33 f. 38. 120. 122.
Gewitter, Verfolgung im — 6. 47. 120.
„ Jagd s. wilder Jäger, Eberjagd, Dachsfang.
„ -Zug 30.
„ Treiben der Wolkenrinder 123 f. 131.
„ himmlische Wäsche 104.
„ Prügelei der Hexen 104.
„ Backen u. Brauen s. das.
„ Tanzichen am Blitz 29 f.
Gewittergeburt 105. 116.
„ gott (stirbt) 62. 67.
„ wolkenvogel 54. 67. 70.
Glocke 109, Donner- 119.
Gode, Gödsche s. Gaude.
Gôëd, Frû 87.
Göttingen 18. 51.
Gold 22. 30. 33. 35 f. 38. 41 f. 43. 76. 101.
Goldhaare 97. 107. 112. 114.
Gorgonen 69.
Graumännle 45.
Grimnitz 54.
Grönjette 24. 79.
Gross-Kreutz 21.
Grünkohl 90. 92.
Gullinbursti 63.

Gustav Adolph 14.
Gwode 40. 82.

Haare 44. 47 f. 49. 93. 97. 114.
Hackelbärend 66.
Hackelberg (Hackelberend u. s. w.) 18 f. 50—71. 78. 89. 95. 105.
Hakel 51.
Halle 88.
Hameln 82.
Hammer 33.
Hammerwurf 44.
Hand, blutige 96, rothe 96.
Hannover 17—50.
Harfen, Frû 87.
Harke, Frau 71—79. 83. 84. 89. 94. 95. 97.
Harkenberg 72. 74.
Harz 79. 88.
Hase 73, dreibeiniger 117.
Haut 128.
Havelberger Dom 77.
Heinrich, Kaiser 102.
Hekate 9. 16. 22.
Hellgrund 50.
Helljäger 17. 50. 87. 89.
Helsche Jäger 80.
Hera 33. 88.
Hercules 69. 128.
Here, Frû 88.
Herken, Frû 87.
Hermes 9. 22. 128 f.
Hertha 86.
Heteborn 57.
Hexe 49. 91. 92 f. 115. 116. 118 ff. 121 f.
Hildesheim 50.
Himmelring 115.
Hirsche 73.
Hohenzollern 106.
Holda 101.
Holle, Frau 72. 88.
Holstein 17. 39.
Holzweibchen 23.
Hopfen 92.
Horn s. Regenbogen.
Hrocsvoelgr. 68.
Huldra, Hulla 107.
Hund 16 f. 19. 23. (Wind- 26.) 38 f. 42. 44. 49. 51. 53. 62. 66 f. 68. 111.
Hyperboreer 66.

Jaczo v. Köpenick 14.
Jänickendorf 19.
Jagd s. Wilde Jagd.
„ göttin 73.
Jahre, sieben 23 f. 64 ff. 101.
„ mythische = Monat 65.
Jenn, Jenner 49.
Joachimsthal 54. 134.
Joëjäger 87.
Johannis 109 f. 112. 119.

Ilseburg 53.
Iris 127 ff. 132 f.

Kaiser, verwünschter 102.
Kamm, goldener 108.
Kettenhund, höllischer 48.
Keule 33. 43. 73.
Kind, neugeborene K. 4. 48.
„ des Windes 27.
Klappern 69.
Klipperkrug 51.
Klötze 50.
Klumpen 33 f.
Knäuel 34. 44 f.
Kobold 45. 110 f.
Koboldschiessen 116.
Kochen 115. 121 f.
Köpenick 14. 54. 56 f. 111.
Kopflose Reiter 23.
Kotzen 77.
Kreuz 43 f. 46. 120.
„ weise 44.
„ weg 23. 41. 46.
Kugel 31. 44 f. 101.
Kuh, bunte 123 f. 132 f.
„ rothe 122 ff. 132 f.
Kupferner Gewitterzwerg 45.
Kurfürst, der grosse 14.

Landin 77.
Laumes 104. 120.
Lausitz 79.
Longobarden 15. 25.
Lüneburg 81.
Luckenwalde 19.

Magdeburgisch 23.
Mahrt 117.
Mai 65.
„ fest 93.
Maria, Jungfrau 101. 113.

Maus, 75. 91. 111.
Mecklenburg 17. 23. 28. 32. 37.
  39. 43. 71. 79. 83. 87. 106.
  123.
Meerfrau 24.
Meinsdorf 38.
Meleager 68 f.
Menschenbein 20 f. 34.
Michaelisfest 65.
Miölnir 33.
Mittelmark 16. 18. 83. 118.
Möen 24. 79.
Mohnpielen 92.
Molkentöwersche 120.
Molmerschwende 51.
Mond 3. 85.
Moosleute 23.
Müggelsberge 110.
Mummelack 45. 78.
Musik 19. 93.

Nacht 11. 16. 110. Gewitternacht
  68. 79.
  „   eule 63 f. 67.
  „   göttin 113.
  „   rabe 67 ff.
Naugarten 26.
Nebelkappen 114.
Nerthus 86.
Nesseln 122.
Neuhaus 52.
Nixen 115 f.
Nobiskrug 125.
Nordwind 27.
Nornengast 59.
Notfeuer 121.

Oberharz 18. 51.
October 65.
Odhin 67. 71. 79.
Odysseus 128.
Ole, de lütche = Teufel 45. „der
  Olle" bei der Ernte 83.
Olympos 30.
Oreithyia 22.
Orion 59. 73.
Osnabrück 18.
Otto, Kaiser 102.

Päwesin 37.
Peitsche 32. 104. 116. 122.

Pentheus 49.
Peterbült 6.
Petrus 6. 37. 105.
Pferd 31. 37. 44. 48 f. 67. 87.
  108.
Pferdekeule 20. 34. 38. 41. 50. 68.
Phol 9.
Pichelsdorf 13.
Poltergeister 45.
Pommern 17.
Prenden 18.
Priegnitz 17. 71. 88. 87. 123.
Prinzessin, verwünschte 102. 108 f.
  110. 112.

Rabe s. Nachtrabe.
Rad 41 f. 89.
Ratte 75.
Regen 66 f. 77. 131. = Waschen
  104.
Regenbogen als Gürtel 45.
  „   „   Ring 115.
  „   „   Sichel 45 f.
  „   „   Hörner 123. 132 f.
Regenwolken 67, s. Wolke.
Reh 73.
Rehkeule 21.
Renneberg 19.
Riese 44 f. 78. 93.
Ring 115.
Roth s. Auge.
Rothe Hand 96.
  „   Junge 45.
Ruprecht, Knecht 91.
Ruthe s. Blitz.
Ruthenbündel 123. 130 f.
Ruthenpeitschen 116. 121 f. 131.

Saalfeldsche, das 61.
Saterland 18.
Sau, einäugige 74.
Saudreck 61.
Säuzagel 61.
Schätze brennen 119.
Schaffnerin (himmlische) 105.
Schild, Gen. 14.
Schildhorn 14.
Schimmel 61 f. 91.
Schimmelreiter 91.
Schlangen 110 f. 112. 132.
Schlegel 33.
Schlippenbach, Graf 18.
Schlüssel s. Blitz.

Schlüsselloch 117.
Schnee wegtanzen 92.
Schönfeld 19, v. Sch. 66.
Schuhklappern 69.
Schwefelgeruch s. Gestank.
Seele 4. 124.
Sichel 44 f. 46.
Sieben s. Jahre.
Sieben Burgen 66.
Sif 97.
Silber 30. 33. 35 f.
Skorpion 59.
Sölling 51 f. 53.
Sonne 85. 94 ff. 103.
Sonnengottheiten 85. 94. 97. 103. 107.
Sonnenrinder = Wolken 128.
Spandow 14.
Sparr, Gen. 18. 20. 108.
Spindel 95 f. 97. 107.
Spinnerin 66 f. 87 f. 94 ff. 97. 112. 122.
Spukgeschichten, Ursp. ders. 105.
Stargard 48.
Steinwerfen 77.
Stierkopf 124. 133.
Stöllensche Berge 77.
Strahl 44.
Straussberg 19.
Streithammer 34.
Sturm 6, = Jagd 103, s. Wilde Jagd.
Sturmesgott 38. 59. 62. 71.
   „ wolf 68.
Stymphalische Vögel 68 f.
Sukow 17.
Sustert 61.
Sympathie 3.

Tagesgöttin 113.
Tanz 92 f. 94.
Tartaros 33.
Teltow 79.
Teufel 5. 6. 25. 34. 35. 45. 61. 78. 95 f. 118.
Teufelssee 110.
Thau 67.
Thetis 106.
Thor 33 f. 44. 84. 97.
Timmermann's Skitz 120.
Titanen 49.
Todten, d. 76.
Todtenreich 124.

Tropfen, d. 33.
Tut-Osel (Tut-Ursel) 53.

Uckermark 17. 25. 49. 58. 71. 83. 87. 90. 123.
Ueberfahrt in den Wolken 75, der Seelen 124.
Uelzen 81.
Umzug (eines Schiffes) 76, der Göttin 85 f.
Ungewaschen 52.
Unterirdische 4. 48. 104. 113 f.
Unterwelt 125.
Uranos 33.
Ursula 53.

Valkyrien 67. 131.
Vergodendeel 40. 81 f.
Verwünscht 25. 39. 53. 58. 60. 63 f. 66. 94 ff. 97 ff. 102 f. 108 ff.

Wagen 29. 31 f. 39. 41. 70.
Waldemar, König 18. 37.
Waldweibchen 41.
Was, Frû 87.
Waschen 104.
Waschbläuel 104.
Wassergeister 115. 134.
Wasserlassen 77 f.
Wau, der 37.
Waud, der 87.
Wauer, Frau 17. 48.
Wechselbalg 48. 115.
Weisse Frau 103—113.
Welfen 106.
Weltschlacht 124. 132.
Werwolf 117. 120.
Wetterhexe 49. 93. 122.
Wiegen 106.
Wilde Jagd, Wilder Jäger 15 ff. 23 f. 32. 35. 37. 43. 45 f. 48. 67. 82. 93. 103. 114. 128.
Wildeloh 51.
Wind, gefrässig 26, = Hund 39, = Jäger s. Wilder Jäger.
Windgöttin 26. 72. 93. 127 ff. 130.
Windsbraut als Weib 22. 24 ff. 60. 63 f. 65. 71. 73. 112

Wirbelwind 25. 61, als Eber 61.
118.
Witte Frauen 42.
Wittingen 81.
Wodan (Wode) 13. 15. 17. 24 f.
28. 32. 35. 40. 62. 65. 67. 74.
79. 80 f. 84. 87. 94. 103.
Wodelbier 81.
Wodendüvel 80.
Woëjäger 18. 87.
Wohljäger 37.
Woüinjäger 18.
Wolf 19. 31. 67. 89.
Wolke als Riese 45.
  „   „ Zwerg 45.
Wolkenberg (s. Berg) 72. 74. 102.
111. 119.
  „ eber 75.
  „ gewand 107. 120.
  „ göttin 48. 72. 103. 113.

Wolkenkahn, schiff 76. 114.
  „ kühe 123. 127 ff.
  „ mäuse, -ratten 75.
  „ thiere. 73.
  „ vogel 68 f.
Wolke, = Haut 128.
  „ schwanger 116.
  „ schwarze, schwarze Kuh
128. 132 f.
Wrietzen 37.
Wüthende Heer 9. 92.
Wuotan 9. 15.

Zahn s. Blitz, Eberzahn.
Zeus 30. 33.
Ziu 9.
Zungen (feurige) 38. 42. 62.
Zwerg 4. 44 f. 46. 93. 114 ff.
Zwölften 82. 84—94.